LES POURQUOI DE L'HISTOIRE

3

Stéphane BERN

LES POURQUOI DE L'HISTOIRE

3

Albin Michel

« L’homme de l’avenir est celui qui aura la mémoire la plus longue. »

Nietzsche

SOMMAIRE

1. Pourquoi un législateur athénien est-il à l'origine du mot « draconien » ? 15
2. Pourquoi une éclipse a-t-elle mis fin à une guerre ?...... 17
3. Pourquoi Eschyle est-il mort à cause d'une tortue ?.... 19
4. Pourquoi un inconnu a-t-il détruit l'une des Sept Merveilles du monde ? 21
5. Pourquoi Caligula doit-il son nom à ses sandales ?.... 23
6. Pourquoi l'empereur Dioclétien est-il à l'origine du vouvoiement ? 25
7. Pourquoi, un an après sa mort, le cadavre du pape Formose a-t-il été exhumé et jugé ? 27
8. Pourquoi le chardon est-il devenu l'emblème de l'Écosse ? 30
9. Pourquoi l'empereur byzantin Basile II a-t-il rendu aveugle toute une armée ? 32
10. Pourquoi un cochon a-t-il provoqué la mort d'un héritier au trône de France ? 34
11. Pourquoi Alexandre le Grand a-t-il donné son nom aux « alexandrins » ? 37
12. Pourquoi une reine de France a-t-elle été répudiée au lendemain de sa nuit de noces ? 39
13. Pourquoi Philippe Auguste est-il à l'origine de la « mise en quarantaine » ? 41

14. Pourquoi les bordels ont-ils été institués par Saint Louis ? 43
15. Pourquoi, en 1275, le vol d'une vache a-t-il provoqué une guerre ? 45
16. Pourquoi la ville de Corbeil a-t-elle donné son nom aux « corbillards » ? 47
17. Pourquoi Charles VI doit-il la vie à une adolescente de 14 ans ? 49
18. Pourquoi une bataille est-elle à l'origine de l'expression « mettre la pâtée » ? 52
19. Pourquoi un château a-t-il donné naissance à l'expression « faire ripaille » ? 54
20. Pourquoi Charles VIII est-il mort à cause d'une porte ? 56
21. Pourquoi le mot « bicoque » doit-il son origine à une bataille des guerres d'Italie ? 59
22. Pourquoi une reine de France a-t-elle laissé son nom à la plus célèbre variété de prunes ? 61
23. Pourquoi l'épitaphe d'un maréchal de François Ier a-t-elle donné naissance aux lapalissades ? 63
24. Pourquoi un mari jaloux aurait-il volontairement transmis la syphilis à François Ier ? 65
25. Pourquoi, sans Henri II, ne pourrait-on pas jouer à « pile ou face » ? 67
26. Pourquoi la satisfaction d'un besoin urgent a-t-elle été fatale au père d'Henri IV ? 69
27. Pourquoi le peinte Daniele da Volterra fut-il surnommé « le faiseur de culottes » ? 71
28. Pourquoi un serviteur d'Henri III est-il à l'origine de l'expression « en rang d'oignons » ? 73
29. Pourquoi la Virginie a-t-elle été baptisée en l'honneur de la reine Élisabeth Ire ? 75
30. Pourquoi Saint-Malo a-t-elle été une République indépendante ? 77
31. Pourquoi Henri IV a-t-il fait construire le pont de Neuilly ? 79

32. Pourquoi Henri IV a-t-il failli déclencher une guerre par amour ? 81
33. Pourquoi un serviteur de Louis XIII a-t-il été décapité par un autre condamné à mort ? 83
34. Pourquoi le port de la cravate s'est-il répandu sous Louis XIII ? 85
35. Pourquoi la naissance de Louis XIV a-t-elle fait du 15 août un jour férié ? 87
36. Pourquoi, à 22 ans, Blaise Pascal a-t-il inventé la première calculatrice ? 89
37. Pourquoi l'île franco-hollandaise de Saint-Martin doit-elle sa fortune à une course à pied ? 91
38. Pourquoi, en 1660, la ville de Llivia est-elle devenue une enclave espagnole en territoire français ? 93
39. Pourquoi un mathématicien a-t-il donné son nom au mot « barème » ? 95
40. Pourquoi la guérison de Louis XIV fut-elle fatale à Lully ? 97
41. Pourquoi l'histoire de Robinson Crusoé a-t-elle été inspirée par un marin écossais ? 99
42. Pourquoi le peintre Roger de Piles a-t-il inventé la notation sur 20 ? 102
43. Pourquoi Voltaire doit-il sa fortune à une tricherie ? 104
44. Pourquoi un aventurier allemand est-il devenu roi de Corse ? 107
45. Pourquoi la madeleine doit-elle son nom à une servante du duc de Lorraine ? 109
46. Pourquoi Mozart fut-il accusé d'avoir volé la partition du *Miserere* d'Allegri ? 112
47. Pourquoi James Cook a-t-il été dévoré aux îles Sandwich ? 114
48. Pourquoi la pomme de terre doit-elle sa popularisation en France à Antoine Parmentier ? 117
49. Pourquoi, le 7 juillet 1792, les députés de l'Assemblée se sont-ils embrassés ? 119
50. Pourquoi, en 1794, Marseille a-t-elle officiellement été rebaptisée « Ville-Sans-Nom » ? 121

51. Pourquoi la flèche de la cathédrale de Strasbourg a-t-elle échappé à la Terreur ? 123
52. Pourquoi le poulet Marengo doit-il son nom à une bataille ? 125
53. Pourquoi un arracheur de dents a-t-il inventé la marionnette de Guignol ? 127
54. Pourquoi Rio de Janeiro a-t-elle été durant 13 ans la capitale du Portugal ? 129
55. Pourquoi un attentat manqué a-t-il poussé Napoléon au divorce ? 132
56. Pourquoi Napoléon se mesura-t-il aux talents d'un automate ? 135
57. Pourquoi l'ambassade d'Autriche est-elle à l'origine de la brigade des sapeurs-pompiers de Paris ? 138
58. Pourquoi le sucre de betterave doit-il son succès à Napoléon ? 141
59. Pourquoi le Père-Lachaise est-il devenu le plus célèbre cimetière de la capitale ? 143
60. Pourquoi Adolphe Thiers a-t-il vécu dans un « ménage à quatre » ? 145
61. Pourquoi le meurtrier d'Alexandre Pouchkine a-t-il été fait commandeur de la Légion d'honneur ? 147
62. Pourquoi le président américain Henry Harrison a-t-il connu le plus court mandat de l'histoire des États-Unis ? 149
63. Pourquoi le président américain James Monroe a-t-il laissé son nom à la capitale du Liberia ? 151
64. Pourquoi l'anesthésie a-t-elle été popularisée par la reine Victoria ? 153
65. Pourquoi Prosper Mérimée joua-t-il les instituteurs à la cour de Napoléon III ? 155
66. Pourquoi la bataille de Magenta a-t-elle donné son nom à une couleur ? 157
67. Pourquoi les habitants du 16e arrondissement de Paris ont-ils fait modifier le numéro de leur arrondissement ? 159

68. Pourquoi les aventures d'Alice au pays des merveilles sont-elles nées d'une promenade en barque ?........... 161
69. Pourquoi Napoléon III fut-il trahi par un épagneul ? 163
70. Pourquoi la famille d'Abraham Lincoln était-elle déjà liée par le destin à celle de son meurtrier ?...... 165
71. Pourquoi le géographe britannique George Everest a-t-il donné son nom au plus haut sommet du monde ?.... 167
72. Pourquoi Napoléon III est-il à l'origine de la margarine ?.. 169
73. Pourquoi l'expression « Mort aux vaches ! » est-elle née lors de la guerre de 1870 ?....................................... 171
74. Pourquoi Louis-Napoléon Bonaparte, fils de Napoléon III et d'Eugénie, a-t-il été tué par des Zoulous ?.. 173
75. Pourquoi la reine de Siam s'est-elle noyée sous les yeux de ses sujets sans recevoir d'aide ?............................ 176
76. Pourquoi le président Jules Grévy a-t-il laissé son nom à une espèce de zèbres ?........................... 178
77. Pourquoi Grover Cleveland est-il le plus atypique des présidents américains ?....................................... 180
78. Pourquoi la statue de la Liberté est-elle liée au mot « gadget » ?... 182
79. Pourquoi la Côte d'Azur doit-elle son nom à la Côte d'Or ?... 185
80. Pourquoi les compagnies de chemins de fer ont-elles imposé l'heure unique sur le territoire ?....... 187
81. Pourquoi l'invention du cinématographe fut-elle fatale à la duchesse d'Alençon, sœur de Sissi ? 189
82. Pourquoi le naufrage du *Titanic* était-il écrit avant la catastrophe ?.. 192
83. Pourquoi Marguerite Steinheil fut-elle surnommée « la pompe funèbre » ?... 195
84. Pourquoi le président Theodore Roosevelt est-il à l'origine de la mode des ours en peluche ?........... 197
85. Pourquoi la ville normande de Sainte-Adresse a-t-elle été la capitale de la Belgique ?...................... 199

86. Pourquoi l'éclusier Henri Geeraert eut-il l'honneur de voir son visage reproduit sur les billets de 1 000 francs belges ?.. 202
87. Pourquoi un pigeon fut-il décoré de la Croix de guerre durant la bataille de Verdun ?................ 204
88. Pourquoi *La Marseillaise* fut-elle durant quelques mois l'hymne de la Russie ?.. 206
89. Pourquoi la Grosse Bertha a-t-elle provoqué le premier divorce de Sacha Guitry ?..................... 208
90. Pourquoi *La Vache qui rit* doit-elle son nom à la Première Guerre mondiale ?............................ 210
91. Pourquoi André Malraux, futur ministre de la Culture, fut-il jugé pour vol d'œuvres d'art ? 212
92. Pourquoi le cerveau de Voltaire est-il devenu la propriété de la Comédie-Française ? 214
93. Pourquoi l'entreprise de pneumatiques Michelin est-elle à l'origine du plus célèbre guide gastronomique ? .. 216
94. Pourquoi le ministre des Affaires étrangères Louis Barthou a-t-il été abattu par un policier ?.... 218
95. Pourquoi la guerre d'Espagne est-elle à l'origine de l'expression « cinquième colonne » ?.................. 220
96. Pourquoi, le 8 novembre 1939, Hitler fut-il sauvé par la météo ?... 222
97. Pourquoi le bras droit de Staline a-t-il donné son nom aux « cocktails Molotov » ? 225
98. Pourquoi, sans l'audace d'un peintre en bâtiment, le débarquement de Normandie n'aurait-il pas eu lieu ? 227
99. Pourquoi le bikini doit-il son nom à la bombe atomique ?.. 229
100. Pourquoi a-t-on attribué un passeport au pharaon Ramsès II plus de 3 000 ans après sa mort ?......... 231

1.

Pourquoi un législateur athénien est-il à l'origine du mot « draconien » ?

Peu de personnalités voient leur nom muer en adjectif. C'est un honneur habituellement fait aux grands écrivains : une épopée peut être « homérique », un enfer « dantesque », un choix « cornélien » et le monde « kafkaïen ». L'histoire du terme « draconien » est plus singulière. Ce mot a été forgé à partir du nom d'un législateur du VIIe siècle avant notre ère, qui fut à l'origine du premier « code pénal » athénien.

Au VIIe siècle avant J.-C., la cité d'Athènes est gouvernée par des aristocrates : les Eupatrides (littéralement « bien nés »). Pour exercer le pouvoir, les représentants de ces grandes familles se réunissent sur une colline nommée l'Aréopage et désignent les neuf « archontes » (magistrats principaux) qui gouverneront la Cité. À mesure de l'essor économique de celle-ci, cette aristocratie va être remise en cause par les artisans et les marchands dont l'influence progresse : les Démiurges. De vives tensions apparaissent alors entre les différents clans. Les actes de vengeance causent des ravages : à l'origine, les cités grecques étaient dépourvues de lois publiques et lorsqu'un individu était coupable d'un délit ou d'un crime, il ne répondait de ses actes devant aucune autorité suprême ; seule la famille de la victime pouvait le châtier.

Pour mettre fin aux sempiternelles et sanglantes vendettas entre les deux classes dominantes, un législateur eupatride, Dracon, décide en – 621 de promulguer des lois identiques pour tous. Pour que nul ne les ignore, elles sont affichées sur des panneaux de bois. Elles sont d'une telle sévérité qu'un orateur dira plus tard qu'elles ont été rédigées non à l'encre mais au sang. Certains délits mineurs, tels que le vol d'un chou, sont ainsi passibles de la peine de mort ou du bannissement. On prête d'ailleurs à Dracon cette formule : « Les plus petites fautes m'ont paru dignes de la mort et je n'ai pas trouvé d'autres punitions pour les plus grandes. »

En réalité, ces mesures radicales sont nécessaires pour que les Eupatrides cessent d'appliquer leur propre justice à l'encontre de la population. Ces lois ont deux intérêts principaux : d'une part, elles impliquent que les plus privilégiés perdent leur emprise sur les Athéniens, d'autre part, elles posent les premières bases de la démocratie. Abrogées en – 594 par Solon, les lois « draconiennes » resteront célèbres pour leur sévérité.

2.

Pourquoi une éclipse a-t-elle mis fin à une guerre ?

Chaque année, entre quatre et sept éclipses (solaires ou lunaires) se produisent autour du globe terrestre. Toujours spectaculaires, certaines sont même associées à des événements historiques. Comme ce 22 mai 1453, lors du siège de Constantinople : une éclipse de Lune provoque la terreur des Byzantins, qui pensent qu'elle a une origine divine et qu'elle annonce la destruction de leur ville. Celle-ci tombera sept jours plus tard aux mains des Turcs... Et il y a plus troublant dans l'histoire : en – 585, en Turquie, une éclipse mit fin à une guerre. Et quelle guerre !

En – 625, Cyaxare devient roi de Médie. Proches des Perses (avec lesquels on les confond souvent), les Mèdes sont originaires de l'ouest de l'actuel Iran. Trois ans plus tard, Cyaxare et son allié, le roi de Babylone Nabopolassar (père de Nabuchodonosor), vont détruire Ninive, la capitale assyrienne. Les deux vainqueurs se partagent alors l'empire assiégé, les Mèdes s'adjugeant la moitié nord. Et l'histoire ne s'arrête pas là ! Cyaxare conquiert quelques années plus tard le royaume manéen, puis celui d'Urartu, à l'est de la Turquie. Désormais, son royaume s'étend jusqu'à l'Anatolie et menace directement la Lydie du roi Alyatte II (père du fameux Crésus).

Hérodote, le père de l'Histoire, rapporte que des chasseurs scythes, insultés par Cyaxare, décident de se venger en tuant l'un de ses fils. Pire encore, ils l'auraient servi en repas aux Mèdes, avant de se réfugier à Sardes, capitale de la Lydie ! Fou de rage, Cyaxare exige que les Scythes lui soient livrés, mais le roi Alyatte s'y oppose. En représailles, les Mèdes envahissent la Lydie en – 590, déclenchant une guerre qui va détruire les deux royaumes durant cinq fameuses années.

Alors que Mèdes et Lydiens livrent bataille sur les rives du fleuve Halys, au centre de l'Anatolie, ils se font surprendre par une éclipse solaire totale. Persuadés qu'il s'agit d'un présage divin, ils suspendent aussitôt le combat. Sous l'arbitrage de Nabuchodonosor, allié des Mèdes, les souverains belligérants mettent fin aux hostilités. Pour pérenniser leur alliance, une frontière naturelle, le fleuve Halys, est fixée entre les deux royaumes et un mariage entre Aryenis, fille d'Alyatte, et Astyage, fils de Cyaxare, est même conclu. Cet affrontement sur les bords de l'Halys est baptisé « bataille de l'Éclipse » !

Hérodote prétend aussi que le célèbre savant Thalès (l'auteur du fameux théorème) avait prédit l'éclipse. Cette information est toutefois sujette à caution car, à la différence des éclipses lunaires, celles qui concernent le Soleil ne sont visibles que sur une portion réduite du globe et ne durent que quelques minutes. D'autre part, Thalès ne disposait pas à l'époque des instruments permettant un tel calcul. Il faudra attendre 1330 pour que le Byzantin Nicéphore Grégoras prédise pour la première fois la date précise d'une éclipse solaire. Grâce aux tables astronomiques modernes, la NASA a pu calculer la date exacte de la fameuse éclipse et affirmer que la bataille de l'Halys s'est déroulée le 28 mai – 585. C'est à ce jour la plus ancienne date de bataille connue avec une telle précision.

3.

Pourquoi Eschyle est-il mort à cause d'une tortue ?

Il est des personnalités dont la mort est si insolite qu'elle ajoute à leur célébrité. Ce consul romain, Fabius Cunctator, dit le Temporisateur, qui contribua à la défaite d'Hannibal, se serait étouffé en – 203 avec un poil de chèvre qui flottait à la surface de sa jarre de lait. Quant à l'abbé Prévost, célèbre auteur de *Manon Lescaut*, une légende tenace raconte qu'il serait mort lors de son autopsie sous le scalpel du chirurgien. Mais c'est sans doute le décès d'Eschyle qui reste le plus singulier : le crâne du père de la tragédie grecque fut fracassé par… une tortue !

Eschyle serait né à Éleusis, près d'Athènes, vers – 526, dans une famille aristocratique. Il se consacre très tôt à l'écriture et remporte son premier concours de tragédie en – 484. Contemporain des guerres médiques, il participe aux fameuses victoires de Marathon (– 490) et de Salamine (– 480). S'il n'est pas l'inventeur de la tragédie grecque, il est le premier à mettre en scène deux acteurs. Malheureusement, sur les 110 pièces (90 tragédies et 20 drames satiriques) qu'Eschyle écrira de son vivant, seules sept nous sont parvenues. La plus célèbre, *Les Perses*, est une tragédie dont l'action se déroule après la bataille de Salamine et qui présente l'originalité d'être abordée du point de vue des Perses, ennemis des Grecs. Datant de – 472, il s'agit de la plus ancienne pièce de théâtre dont on ait conservé le texte. Suivront *Les Sept contre Thèbes*, *Les Suppliantes* et *L'Orestie*. Si Eschyle gagne le concours de tragédie à treize reprises, il se voit cependant détrôné en – 468 par un jeune dramaturge promis à un grand avenir : Sophocle. À la fin de sa vie, Eschyle est convié en Sicile par le tyran Hiéron de Syracuse, où il aurait créé la septième de ses pièces, *Prométhée enchaîné*.

C'est au sud de cette île, à Géla, en – 456, que meurt brutalement Eschyle, après avoir été frappé à la tête par une carapace de tortue. Celle-ci fut lâchée par un rapace qui, en cherchant à briser la carapace de sa proie, aurait pris le crâne chauve du dramaturge pour un rocher. C'est d'ailleurs sur les lieux de cet accident que les Américains aborderont en juillet 1943, lors du débarquement de Sicile.

Ironie du sort, Eschyle, Sophocle et Euripide, considérés comme les trois plus grands dramaturges grecs classiques, auront chacun une fin atypique. En – 406, Euripide, qui s'était retiré en Macédoine à la cour du roi Archélaos Ier, périt dévoré par des chiens en furie alors qu'il méditait en forêt. Quant à Sophocle, il serait mort de joie en apprenant qu'il était récompensé pour un concours d'écriture.

4.

Pourquoi un inconnu a-t-il détruit l'une des Sept Merveilles du monde ?

Mentionnées pour la première fois au IIe siècle avant J.-C. par le poète grec Antipater de Sidon, les Sept Merveilles du monde sont par ordre d'ancienneté : la pyramide de Khéops en Égypte, les jardins suspendus de Babylone, la statue de Zeus à Olympie, le temple d'Artémis à Éphèse, le mausolée d'Halicarnasse, le colosse de Rhodes et le phare d'Alexandrie. À l'exception de la grande pyramide, toutes ont malheureusement disparu. Par exemple, le phare d'Alexandrie, qui tombait en ruines, dut en outre affronter un raz-de-marée et deux séismes. Transportée à Constantinople, la statue de Zeus fut victime d'un incendie, et le colosse de Rhodes détruit lors d'un tremblement de terre. Quant au temple d'Artémis, il fut victime d'un inconnu en mal de célébrité.

Colonie grecque d'Asie Mineure, Éphèse est fondée au Xe siècle avant J.-C. Deux siècles plus tard, on construit dans la cité un temple entouré de colonnes sur quatre faces (comme le Parthénon), peut-être le plus ancien édifice du genre. Au VIIe siècle, il est détruit par une inondation. Vers – 560, la cité voisine de Samos s'étant dotée d'un temple monumental, les Éphésiens décident de construire un édifice encore plus grandiose sur l'emplacement de l'ancien. Financé par le roi de Lydie, le célèbre Crésus, et conçu par les architectes crétois Chersiphron et son fils Métagénès, le nouveau temple est dédié à Artémis, déesse protectrice de la cité. Sa construction complète prendra 220 ans.

Le résultat est si prodigieux que le monde grec tout entier envie à Éphese ce temple, le plus important construit jusqu'alors : 103 m de longueur pour 50 m de largeur et 18 m de hauteur. Chaque partie est construite à l'aide des matériaux les plus rares et les plus nobles : les colonnes extérieures sont en marbre (106 au total), les portes d'entrée monumentales en cyprès et les bas-reliefs sont recouverts de l'or provenant de toute la Grèce.

Le 21 juillet – 356, il est pourtant ravagé par un incendie criminel. Le coupable avoue sous la torture le motif de son acte : il veut laisser son nom à la postérité. Les magistrats de la cité effacent alors sa présence des registres et décident d'interdire, sous peine de mort, que son identité soit révélée.

Après Crésus, Alexandre le Grand, victorieux des Perses à la bataille de Granique, fait son entrée à Éphèse. Né le jour même de la destruction du temple, le roi de Macédoine décide d'en bâtir un nouveau, encore plus grand. Les habitants refusent prudemment, prétextant qu'un dieu ne peut pas financer un temple dédié à un autre dieu, mais révèlent le nom de l'incendiaire : Érostrate. Le temple d'Artémis fut tout de même rebâti grâce aux cités voisines d'Asie Mineure. Dépouillé de ses plus belles œuvres par Néron, il sera ensuite fermé comme tous les lieux de culte païen par l'empereur Théodose Ier (en 391) avant d'être détruit pour la même raison en 401 par Jean Chrysostome, archevêque de Constantinople. Certaines de ses colonnes serviront d'ailleurs à la construction de la basilique de cet archevêque, baptisée « Sainte-Sophie ».

5.

Pourquoi Caligula doit-il son nom à ses sandales ?

Une centaine d'empereurs romains se succèdent entre – 27 et 476. Pourtant, seule une dizaine est passée à la postérité. Certains sont connus pour leurs accomplissements (comme Auguste, Marc Aurèle ou Dioclétien), d'autres pour leur tyrannie (comme Néron, qui aurait fait incendier la ville de Rome pour mieux la reconstruire). Le court règne de Gaius Julius Caesar, appelé Caligula, suscita également beaucoup de critiques. Pourquoi s'appelle-t-il ainsi ?

Membre de la famille impériale julio-claudienne, arrière-petit-fils de Marc Antoine, Caligula est le fils du général romain Germanicus. Ce dernier doit son nom à son propre père, le général Nero Claudius Drusus, pour sa victoire sur les Germains. En 5 après J.-C., Germanicus épouse Agrippine l'Aînée, la petite-fille d'Auguste. Sept ans plus tard, il est nommé consul puis commandant de l'armée de Germanie. Cette année-là naît son troisième fils, Gaius Julius Caesar.

À l'âge de 2 ans, celui-ci rejoint son père en terres barbares. Dans les camps militaires romains où grandit l'enfant, les soldats portent des sandales de cuir cloutées, appelées en latin *caligae.* Or, pour les pieds du fils du général, on conçoit spécialement un modèle réduit : la *caligula.* Amusés, les soldats romains lui attribuent ce surnom. Si l'intéressé déteste ce sobriquet, « petite sandale » va pourtant lui rester associé jusqu'à la fin de ses jours !

Après deux campagnes victorieuses contre les Germains, et la capture de Thusnelda, femme du chef germain Arminius, Germanicus est rappelé à Rome en 17. Populaire et jouissant d'un grand prestige, il est choisi comme successeur par l'empereur Tibère. En 18, il est à nouveau nommé consul et envoyé en Orient. C'est là qu'il trouve la mort, l'année suivante, près d'Antioche. On soupçonnera Pison, le gouverneur de Syrie, de l'avoir empoisonné sur l'ordre de Tibère.

Le jeune Caligula est alors confié à sa mère, Agrippine. En 29, cette dernière, suspectée de comploter contre l'empereur, est arrêtée ainsi que ses deux fils aînés, sur ordre de Tibère. Jugés par le Sénat, tous trois sont condamnés au bannissement. Ils mourront de faim quelques années plus tard. Après la mort de ses frères, Caligula est désigné héritier de Tibère, avec le petit-fils de l'empereur, Gemellus. Mais en 37, à la mort de Tibère, Caligula obtient d'être reconnu seul successeur par le Sénat et commande l'exécution de son rival. Après six mois d'état de grâce, son règne bascule dans le despotisme et la débauche.

Caligula est dépeint comme tyrannique, mégalomane, voire fou. On lui prête une liaison incestueuse avec sa sœur Drusilla, on l'accuse d'avoir torturé et exécuté ses anciens compagnons et même d'avoir voulu nommer son cheval consul. « *Qu'ils me haïssent pourvu qu'ils me craignent* », aurait-il déclaré. Après trois ans de règne, il est assassiné par les soldats de sa propre garde. Caligula meurt sans héritier et son oncle Claude, frère de Germanicus, lui succède.

6.

Pourquoi l'empereur Dioclétien est-il à l'origine du vouvoiement ?

Dans la quasi-totalité des langues indo-européennes, le pluriel de politesse sert à manifester sa déférence à l'égard de son interlocuteur. En français, le vouvoiement consiste à employer la deuxième personne du pluriel – même si une rare forme de troisième personne du singulier subsiste encore dans la belle formule suivante : « Si Monsieur veut se donner la peine d'entrer ? » Indispensable en société, le vouvoiement puise ses racines dans le gouvernement original instauré par l'empereur Dioclétien.

Durant toute l'Antiquité, en Grèce comme à Rome, le tutoiement est d'usage, y compris à l'adresse du souverain, comme l'illustre la célèbre formule des gladiateurs : « Salut César, ceux qui vont mourir te saluent » (*Ave Caesar, morituri te salutant*). À partir du IIe siècle, quelques formules de politesse au pluriel commencent à apparaître dans la correspondance et une nouvelle norme s'impose grâce à Dioclétien. Ce brillant chef militaire, proclamé empereur en 284, n'ignore pas la menace de plus en plus sérieuse exercée par les Barbares. Comprenant que l'empire est trop vaste pour être gouverné par un seul homme, il choisit en 285 d'en confier la partie occidentale à l'un de ses compagnons d'armes, Maximien Hercule, et de s'octroyer le reste.

L'année suivante, Maximien se voit attribuer le même titre impérial que Dioclétien : Auguste.

Satisfait des résultats de ce duumvirat, Dioclétien décide de nommer en 293 deux « sous-empereurs » : Galère et Constance Chlore. Portant le titre de César, ceux-ci sont chargés de seconder les deux empereurs avant de leur succéder. Ce nouveau système de gouvernement est baptisé « tétrarchie ». Chacun d'entre eux gouverne ainsi une partie de l'empire depuis une capitale située près de la frontière : Dioclétien à Nicomédie pour l'Orient, Galère à Sirmium pour les provinces danubiennes, Maximien à Milan pour l'Italie et l'Afrique, et Constance Chlore à Trèves pour la Gaule, l'Espagne et la Bretagne. Aussi, lorsqu'un empereur s'exprime, il le fait au nom de la tétrarchie et emploie la première personne du pluriel. Cet épisode serait à l'origine de ce que l'on appelle le « nous royal » ou « pluriel de majesté ».

À partir de l'époque carolingienne, l'usage du vouvoiement s'étend à l'égard de tout détenteur de l'autorité. Sous l'Ancien Régime, il se généralise avec le développement de la société de cour, où le tutoiement est seulement usité envers les domestiques. Considéré comme un attribut de l'aristocratie, le vouvoiement sera fustigé par les révolutionnaires, qui lui préfèrent un tutoiement plus fraternel. Afin de supprimer les distinctions sociales, celui-ci sera même rendu obligatoire le 8 novembre 1793 pour tous les Français. Jugées trop cérémonieuses, les appellations de « monsieur » ou « madame » sont remplacées par « citoyen » ou « citoyenne ». Ce décret sera finalement aboli en juin 1795.

7.

Pourquoi, un an après sa mort, le cadavre du pape Formose a-t-il été exhumé et jugé ?

Les dépouilles des chefs d'État sont toujours liées à la popularité de leur gouvernement et il est arrivé que certaines d'entre elles soient vandalisées plusieurs siècles après leur inhumation. Après la Révolution par exemple, en octobre 1793, la nécropole des rois de France de la basilique Saint-Denis est profanée par les sans-culottes ! Outre-Manche, le corps du dictateur anglais Oliver Cromwell fut pendu seulement deux ans après son décès[1]. Sur le continent, le cadavre du pape Formose est quant à lui déterré en 897, soit un an à peine après sa mort, à la demande de l'un de ses successeurs, afin d'être jugé à titre posthume ! Pourquoi ?

Les origines de Formose sont mal connues. Il pourrait appartenir à une famille corse réfugiée à Ostie, non loin de Rome, pour fuir les incursions sarrasines. En 864, il devient évêque de Porto, un diocèse voisin. Huit ans plus tard, lorsque décède le pape Adrien II, il ambitionne de prendre sa relève. Malheureusement, le trône de saint Pierre échoit à son rival, qui devient Jean VIII. Pire encore, à peine élu, ce dernier s'empresse d'excommunier Formose qu'il accuse, entre autres choses, de conspiration. Sentence terrible qui n'est

1. Voir *Les Pourquoi de l'Histoire 2*.

levée qu'au bout de six longues années, après la promesse de Formose de ne plus revenir à Rome ni exercer de fonctions sacerdotales !

L'histoire offre heureusement, à la mort de Jean VIII en 882, de meilleurs auspices à Formose : le nouveau pape, Marin Ier, lui rend son évêché de Porto et, le 6 octobre 891, il est enfin élu pape. C'est alors qu'un nouveau rebondissement intervient : au décès de l'empereur Guy de Spolète en décembre 894, sa femme, Ageltrude de Bénévent, tente de faire couronner leur fils, Lambert, mais le nouveau souverain pontife s'y oppose. Il cherche en effet à se libérer de la tutelle de cette famille et fait donc appel au roi de Germanie, Arnulf de Carinthie, descendant de Charlemagne. Celui-ci envahit l'Italie et, le 22 février 896, il est sacré empereur à Rome par Formose en personne. Mais voilà que ce dernier décède quelques semaines plus tard, victime d'une attaque cérébrale. Arnulf devra de son côté retourner en Allemagne.

Dès son départ, Ageltrude en profite pour rétablir l'autorité des Spolète à Rome. Aussi fait-elle élire un nouveau pape, Étienne VI, qui s'empresse de couronner Lambert. Le voilà enfin empereur ! Et pour faire payer à Formose sa trahison, Ageltrude obtient son procès posthume. En janvier 897, le cadavre de Formose est donc exhumé, revêtu du costume pontifical, installé sur le trône et mis en accusation devant un synode d'évêques romains. Étrange justice puisqu'un diacre faisant office d'avocat est chargé de répondre à sa place. L'« accusé » est alors déclaré coupable d'avoir rompu son serment de ne briguer aucune charge ecclésiastique. Les sentences ne tardent pas à tomber : son élection est invalidée et tous ses actes pontificaux sont annulés, jusqu'aux nominations d'évêques. Pire encore, le cadavre est dépouillé de ses ornements et amputé des trois doigts de la main droite qui lui servaient à bénir, avant d'être jeté dans le Tibre. En représailles, les partisans de

Formose assassineront Étienne VI quelques mois plus tard. Une leçon sera finalement tirée de cet épisode puisque les papes suivants réhabiliteront Formose et interdiront la tenue de procès contre les défunts.

8.

Pourquoi le chardon est-il devenu l'emblème de l'Écosse ?

Le tournoi de rugby des Six Nations a popularisé les emblèmes des nations qui forment le Royaume-Uni. L'origine de certains est très ancienne, comme celle du trèfle irlandais qui remonte à l'évangélisation de l'île au Ve siècle, lorsque saint Patrick se servit d'une de ces plantes à trois feuilles pour illustrer la sainte Trinité. Quant au poireau du Pays de Galles, il proviendrait d'une bataille du VIe siècle qui se déroula près d'un champ planté de ce légume. Mais le symbole le plus étonnant reste le célèbre chardon écossais. Voici son histoire.

En 1010, l'Écosse doit affronter de terribles raids vikings. Une nuit, alors qu'ils se préparent à prendre d'assaut le château de Stains, les envahisseurs s'avancent pieds nus pour plus de discrétion. Sur la route du château, ils traversent un champ de chardons, comme on en trouve tant dans ce pays. Il est alors impossible pour l'un des assaillants de rester sans réaction et ses cris de douleur alertent les sentinelles écossaises, qui préviennent aussitôt le reste des troupes. Les envahisseurs se virent infliger une défaite cinglante. Toutefois, il n'existe aucune preuve historique attestant de cet épisode, qui ressemble à celui des oies du Capitole. Certains historiens situent même l'anecdote deux siècles plus tard, lorsque le 2 octobre 1263, en guerre contre l'Écosse, cinq navires norvégiens commandés par le roi Håkon IV débarquèrent sur les côtes écossaises.

Pourtant, il est certain que le chardon est reconnu comme emblème de l'Écosse depuis au moins 1470 puisqu'il figure sur des pièces d'argent émises cette année-là par le roi Jacques III. Plus tard, en 1687, le roi d'Angleterre Jacques II (qui régna en Écosse sous le nom de Jacques VII) instaura l'Ordre du Chardon, l'un des ordres de chevalerie les plus prestigieux de la noblesse britannique et dont la devise est : « Nul ne me provoque impunément » (*Nemo me impune lacessit*). C'est donc tout naturellement que la Fédération écossaise de rugby, fondée en 1873, choisit le chardon comme symbole. D'aucuns soutiennent qu'une des raisons serait que les dirigeants sportifs en ont même jusque dans leurs poches ! Il faut dire que pendant longtemps, les joueurs écossais devaient payer eux-mêmes leur short et leurs chaussettes. Seul le maillot était fourni par la fédération. Et si un joueur l'échangeait en fin de match avec son adversaire comme cela peut être l'usage, il devait le rembourser.

Le chardon adopté par les Écossais est par ailleurs l'emblème de la Lorraine. Il fut adopté au XVe siècle par le duc de Lorraine, René Ier d'Anjou. Plus étonnant encore, c'est en référence à ses épines qu'on y ajouta la devise : « Ne me touche pas, je pique », reformulée par la suite en un plus populaire : « Qui s'y frotte s'y pique ». Cette devise, ainsi que le chardon, trônent aujourd'hui encore sur le blason de la ville de Nancy.

9.

Pourquoi l'empereur byzantin Basile II a-t-il rendu aveugle toute une armée ?

Pratique barbare, l'aveuglement fut utilisé dès l'Antiquité comme châtiment corporel. Ce fut par exemple le sort réservé au début du IVe siècle à Lucie de Syracuse, victime des persécutions antichrétiennes de Dioclétien et qui est devenue la sainte patronne des aveugles. Cette punition sera la plus appliquée dans l'Empire byzantin, comme en témoigne le supplice réservé par l'empereur Michel VIII Paléologue à son rival Jean IV, pourtant âgé de 11 ans seulement : il n'hésita pas à lui faire crever les yeux en 1261. Quant à l'empereur Basile II, il mutilera pour sa part une armée entière ! Éclaircissons ensemble cette histoire.

C'est au VIIe siècle que les Bulgares se fixent le long du Danube et y établissent un royaume. Celui-ci connaît son apogée au début du Xe siècle, sous le règne de Siméon Ier, le « Charlemagne bulgare ». En 971, se sentant menacés, les Byzantins conquièrent sa capitale Preslav. À partir de 980, menés par la famille Comitopouloi, les Bulgares prennent leur revanche et infligent plusieurs défaites aux Byzantins, notamment lors de la bataille des Portes de Trajan en 986. Fort de ces victoires, l'un des frères Comitopouloi se proclame tsar en 997, sous le nom de Samuel Ier. En réaction, et bien décidé à le stopper dans son expansion, l'empereur byzantin Basile II envahit alors la Bulgarie en 1001. Les Byzantins conquièrent la majeure partie du territoire ennemi, obligeant le tsar à se replier dans les montagnes macédoniennes et albanaises.

En 1014, l'armée byzantine menée par Basile II fait route vers le cœur de l'Empire bulgare pour lui porter le coup fatal, quand elle est arrêtée par l'ennemi devant le village de Klyuch (aussi appelé Kleidion et situé à la frontière actuelle entre la Bulgarie et la Macédoine). Impossible pour Basile et ses troupes de franchir la vallée ! Aussi ordonne-t-il au général Nicéphore Xiphias de conduire une partie des troupes le long des monts Bélès, afin de réaliser une manœuvre d'encerclement. La stratégie se révèle efficace puisque l'armée bulgare se retrouve prise au piège le 29 juillet 1014. Submergée par les Byzantins, elle tente de fuir vers l'ouest alors qu'un grand nombre de ses soldats sont tués. Pour sa part, le tsar Samuel Ier s'échappe *in extremis* et rejoint Prilep. Dans l'autre camp, l'un des généraux byzantins, Nicéphore Botaniatès, meurt dans une embuscade, tué pendant la bataille par Gabriel Radomir, le fils de Samuel Ier. Cependant, la défaite des Bulgares est cinglante et sans appel : 15 000 hommes sont faits prisonniers. Pourtant, le pire reste à venir.

Pour terroriser ses adversaires et venger la mort de son meilleur général, Basile II applique un châtiment d'une rare barbarie. Il divise les prisonniers en 150 groupes de 100 hommes chacun. Dans chaque groupe, tous se font crever les yeux sauf un, que l'on se contente d'éborgner pour qu'il puisse guider ses camarades sur le chemin du retour. Deux mois plus tard, lorsque le tsar Samuel voit arriver à Prilep ces milliers de prisonniers aveugles, il en meurt d'apoplexie. Suite à cet épisode sanglant et d'une rare cruauté, les Bulgares n'auront plus les moyens de résister aux Byzantins. En 1018, leur empire est totalement annexé. Quant à Basile II, il passe à la postérité sous le sinistre surnom de *Bulgaroctone*, le « Tueur de Bulgares ».

10.

Pourquoi un cochon a-t-il provoqué la mort d'un héritier au trône de France ?

Aussi étonnant que cela puisse paraître, des animaux furent responsables de la mort de plusieurs souverains. L'exemple le plus ancien est celui du pharaon égyptien Ménès, décédé des suites d'une piqûre de guêpe. En 30 avant J.-C., la célèbre reine Cléopâtre se fit volontairement mordre par un serpent venimeux. En revanche, c'est un simple cochon qui causa la mort d'un héritier au trône de France !

Injustement oublié, Louis VI le Gros est pourtant l'un des rois de France les plus importants de notre Histoire. Fils de Philippe Ier et de Berthe de Hollande, il succède à son père sur le trône de France en 1108. Il est l'un des rares monarques français à n'avoir pas été sacré à Reims (contrôlée à l'époque par son demi-frère, Philippe de Mantes) mais à Orléans. Par ailleurs, Louis VI innove en se proclamant, dans une lettre adressée en 1119 au pape Calixte II, « roi de la France, non plus des Francs ». Ce qui n'est pas sans importance puisqu'il s'agit là en réalité de la première mention officielle du mot « France », autrefois désignée par les termes de Gaule, Francie ou royaume des Francs. Une autre nouveauté est aussi liée au règne de Louis VI. En 1124, face aux troupes de l'empereur Henri V qui menacent Paris, le roi rallie ses vassaux en brandissant la bannière de l'abbaye de Saint-Denis. Cet étendard de couleur rouge, symbole du premier évêque de Paris mort en martyr, restera jusqu'à la fin du Moyen Âge celui du roi de France en temps de guerre.

Mais pour l'heure, nul cochon ni héritier. Marié à Adélaïde de Savoie, Louis VI n'aura pas moins de neuf enfants. L'aîné, Philippe, naît en 1116. Désigné successeur de son père, il est acclamé par les grands seigneurs du royaume à Senlis en 1120, à l'occasion de la fête de Pâques. Le 14 avril 1129, fait qui pourrait sembler étonnant, il est sacré roi de France à Reims, du vivant de son père ! Ceci car, depuis Hugues Capet, les monarques associent toujours leur fils aîné au trône afin d'assurer leur succession[1]. Formé à la guerre et disposant d'un caractère bien trempé, l'adolescent montre alors de bonnes aptitudes à l'art de gouverner.

Le 13 octobre 1131, Philippe est âgé de quinze ans et figure parmi les chevaliers de l'armée royale rassemblée à Paris afin d'aller combattre les seigneurs du Vexin. À l'époque, il n'est pas rare de voir de nombreux porcs errer dans la capitale pour débarrasser les rues de leurs immondices. Le dauphin est à cheval lorsque soudain, un de ces cochons, affolé, se jette sous les sabots de la monture princière. Il n'en faut pas plus pour que l'étalon se cabre et le dauphin chute. Grièvement blessé à la tête, Philippe décède peu après. Il est inhumé à Saint-Denis, tandis que son frère Louis (futur Louis VII), âgé de 11 ans, est sacré roi de France quelques jours plus tard.

Il s'agit là d'un accident dont les conséquences seront grandes sur l'Histoire de France. Non seulement il portera en effet sur le trône un jeune homme qui n'y était pas du tout préparé, mais surtout, selon l'historien Michel Pastoureau,

---

1. Voir *Les Pourquoi de l'Histoire 1.*

cette mort causée par un animal si sale fut jugée déshonorante et aurait poussé Louis VII à choisir comme emblème du royaume la Sainte Vierge et ses attributs qui nous sont familiers : la fleur de lys et le bleu azur.

11.

Pourquoi Alexandre le Grand a-t-il donné son nom aux « alexandrins » ?

Nous avons tous appris et récité des alexandrins. Ce vers de douze syllabes est sans aucun doute le plus célèbre et a occupé durant des siècles une place majeure dans le théâtre classique et la poésie française. Aujourd'hui désuet, il demeure le modèle métrique le plus renommé de la langue de Molière. Pourtant, c'est à un personnage étranger à notre culture qu'il doit son nom : le roi de Macédoine, Alexandre le Grand. En voici l'étonnante explication.

C'est entre le IIIe siècle et le Ier siècle avant J.-C. qu'un auteur inconnu écrit à Alexandrie, en Égypte, une série de récits contant les exploits d'Alexandre le Grand. Rédigée en grec un ou plusieurs siècles après la mort du grand conquérant, cette œuvre prend certaines libertés avec l'Histoire. Cependant, elle se diffuse à l'époque du haut Moyen Âge, aussi bien en Orient qu'en Occident, où elle est traduite en latin. En France, les premières traductions en langue vernaculaire, c'est-à-dire en français, de cette hagiographie, apparaissent au XIIe siècle sous le nom de *Roman d'Alexandre*. La plus ancienne est rédigée aux alentours de 1120 par Albéric de Pisançon et présente des octosyllabes (vers de huit pieds). En 1150 environ, une plume anonyme publie une seconde version du *Roman d'Alexandre* en utilisant cette fois des décasyllabes (dix pieds). La métrique se rallonge peu à peu ! Enfin, vers 1180, une troisième version, inspirée de l'œuvre de l'historien romain Quinte-Curce et des traductions en picard de Lambert le Tort, est composée par Alexandre de Bernay. Écrite en style épique, celle-ci comporte quatre branches de 16 000 vers en dodécasyllabes (12 pieds). Le *Roman d'Alexandre* sera ensuite augmenté par plusieurs auteurs non identifiés et connaîtra un grand succès au Moyen Âge. À la fin du XVe siècle, les vers de douze syllabes prennent ainsi le nom d'« alexandrins ».

Pour certains historiens, ce nom ne leur aurait cependant pas été donné en référence au héros Alexandre le Grand mais en hommage à l'auteur, Alexandre de Bernay. Longtemps éclipsé par le décasyllabe, il faut attendre le XVIe siècle pour que l'alexandrin devienne la mesure par excellence de la poésie, grâce à la Pléiade qui lui donne ses lettres de noblesse. Au XVIIe siècle, il fait son apparition au théâtre. C'est à ce moment-là que les règles de l'alexandrin sont codifiées : il doit être composé de deux hémistiches de six syllabes séparés par une césure. Boileau formulera à merveille cette règle dans son *Art poétique* : « *Que toujours, dans vos vers, le sens coupant les mots / Suspende l'hémistiche, en marque le repos.* »

L'alexandrin fut ensuite à nouveau chahuté et son magistère remis en cause. Au milieu du XIXe siècle, à la faveur des romantiques, la césure centrale est abandonnée, faisant dire à Victor Hugo : « *J'ai disloqué ce grand niais d'alexandrin.* » Il n'empêche que l'auteur des *Misérables* s'obligeait à parler en alexandrins en toute occasion. On raconte même qu'un jour, dans une brasserie, entendant son voisin demander : « *Garçon, un café !* », il commanda : « *À moi donnez un bock, car je suis assoiffé.* » Enfin à la Belle Époque, un dramaturge poussa l'exercice jusqu'à l'absurde et se vanta d'avoir placé dans une de ses pièces le plus parfait des alexandrins : « *Ha ha ha ha ha ha ha ha ha ha ha ha !* »

12.

Pourquoi une reine de France a-t-elle été répudiée au lendemain de sa nuit de noces ?

Nombreux sont les souverains français qui ont choisi durant leur règne de se séparer de leur épouse. Ces entorses aux liens sacrés du mariage surviennent quand un monarque doit assurer sa descendance et qu'il constate que son épouse est stérile. Henri IV et la reine Marguerite de Valois, ou plus tard Napoléon et l'impératrice Joséphine, ont ainsi dû divorcer. Toutefois, au Moyen Âge, la reine Ingeburge, épouse de Philippe Auguste, est victime d'une injustice.

En 1180, Philippe Auguste monte sur le trône de France. Marié à la très jeune Isabelle de Hainaut, le roi devient veuf en 1190. S'il a bien un héritier, le futur Louis VIII, celui-ci est d'une santé fragile. Le souverain est obligé de chercher une nouvelle épouse pour assurer sa descendance. Soucieux de conclure une alliance avec le Danemark contre l'Angleterre, le roi choisit la sœur du roi danois Knut VI. Âgée de 18 ans, Ingeburge est la plus jolie des filles du roi Valdemar Ier. Elle descend du dernier roi anglo-saxon d'Angleterre, Harold II, dont la mort un siècle plus tôt à Hastings offrit les îles britanniques aux Normands. La dot s'élève à 10 000 marcs d'argent. La rencontre entre Philippe et Ingeburge a lieu à Amiens le 14 août 1193, et le mariage est célébré le jour même dans la cathédrale de la ville.

Pendant la nuit de noces, le roi de France ne se sent pas à l'aise et quitte le lit à plusieurs reprises. Le lendemain, Ingeburge est bien couronnée reine, mais Philippe Auguste se tient à distance, livide, tremblant. Écourtant la cérémonie, il accuse Ingeburge de l'avoir ensorcelé. Devant le refus des ambassadeurs de reconduire sa femme au Danemark, le monarque l'expédie au monastère de Saint-Maur-des-Fossés et annonce vouloir faire annuler leur union. Les raisons de cette soudaine répulsion restent énigmatiques. Des rumeurs prétendent que la jeune fille n'était pas vierge, ou même qu'elle avait des écailles de poisson sur le ventre. Certains historiens estiment que le roi voulut mettre fin à son mariage en apprenant que les Danois avaient renoncé à envahir l'Angleterre. Mais l'hypothèse la plus probable est que le souverain, mal remis d'une maladie contractée en croisade, se persuada d'avoir été victime d'un sortilège quand il constata qu'il n'avait pas toutes ses capacités sexuelles.

En novembre 1193, lors d'une assemblée convoquée à Compiègne, le légat du pape (l'oncle même du roi) fait résilier l'alliance. S'opposant à cette décision, Ingeburge demeure captive. En 1198, le nouveau pape Innocent III prend fait et cause pour la reine déchue et enjoint le monarque de la réhabiliter. Entre-temps remarié avec Agnès de Méranie, Philippe Auguste refuse, ce qui oblige le pape à l'excommunier et à jeter l'interdit sur le royaume de France en 1200. Rome consacrera quatre conciles à la résolution de cette affaire, tous en faveur de l'épouse injustement répudiée. La pauvre Ingeburge sera envoyée de châteaux forts en couvents avant qu'en 1213 le roi accepte sa libération et que lui soient rendus ses droits d'épouse et ceux liés à son sang royal. Ingeburge a alors 38 ans. Elle a passé la moitié de sa vie emprisonnée.

13.

Pourquoi Philippe Auguste est-il à l'origine de la « mise en quarantaine » ?

En octobre 2014, après l'apparition d'une épidémie de virus Ebola en Afrique de l'Ouest, trois États américains décrétèrent une mise en quarantaine systématique de tous les voyageurs revenant des pays touchés par la maladie. Ceux-ci furent placés à l'isolement dans une chambre d'hôpital pendant vingt et un jours. Cette mesure exceptionnelle, vivement critiquée par la Croix-Rouge, a pour origine une initiative remontant à Philippe Auguste, qui n'avait d'ailleurs pas vocation à lutter contre les épidémies.

Dans les traditions juives et chrétiennes, le nombre 40 est symbolique. Il correspond non seulement à la durée du Déluge, mais aussi au nombre de jours que Jésus passa dans le désert, pendant l'épisode de la tentation du Christ. Cette durée représente donc un temps d'attente et d'épreuve, si bien qu'au Moyen Âge, pour parler du jeûne au moment du Carême, on évoquait « la Sainte Quarantaine ».

Au début du XIIIe siècle, la France est enlisée dans les sempiternelles guerres entre seigneurs. Pour y mettre fin, Philippe Auguste institue la « quarantaine-le-roi », c'est-à-dire un délai de quarante jours au cours duquel un seigneur offensé par un autre a interdiction absolue de se venger par les armes. Cette période de trêve, qu'on ne peut rompre sous peine de mort, a pour but de laisser les tensions s'apaiser d'elles-mêmes, en attendant le procès du coupable. L'ordonnance de Philippe Auguste sera renouvelée par Saint Louis en 1245 et perdurera jusqu'à la fin du Moyen Âge.

La mise en quarantaine sanitaire naît, quant à elle, au XIVe siècle avec l'apparition de la peste noire. En 1377, la République de Raguse (en actuelle Croatie) impose pour la première fois un isolement d'un mois aux navires qui proviennent d'une zone infectée. Quelques décennies plus tard, la République de Venise s'inspire de cette mesure et décide d'isoler les voyageurs et les marchandises durant quarante jours. Peu à peu, les autres cités marchandes italiennes suivent l'exemple, imitées à leur tour par les ports français au XVIe et XVIIe siècle. Les vaisseaux mis en quarantaine sont alors confinés dans les ports et signalés par des drapeaux spécifiques, qui interdisent aux autres bateaux de les approcher. En 1720, à Marseille, c'est une mise en quarantaine non respectée qui sera à l'origine d'une terrible épidémie de peste, faisant 100 000 morts en Provence (soit un quart de la population).

Si la quarantaine est progressivement abandonnée dans les ports au XIXe siècle, elle subsiste de manière exceptionnelle dans les hôpitaux. Sa durée varie en fonction du temps d'incubation d'un virus ou d'une maladie. On préfère aussi, par précaution, quand ils reviennent de leurs missions lunaires, isoler les premiers astronautes. Enfin, depuis une vingtaine d'années, l'utilisation de la quarantaine s'est étendue au domaine informatique : des logiciels antivirus permettent de neutraliser durant plusieurs jours un fichier potentiellement infecté, sans avoir à le supprimer.

14.

Pourquoi les bordels ont-ils été institués par Saint Louis ?

La fermeture des maisons closes fut votée en France le 13 avril 1946. C'est Marthe Richard, conseillère municipale de Paris et ex-prostituée, qui est à l'origine de cette disposition. Ces lieux sulfureux ont connu leur âge d'or à la Belle Époque et ont été créés paradoxalement par un homme très pieux : Saint Louis.

Réputée comme « le plus vieux métier du monde », la prostitution existe dans toutes les sociétés et civilisations. À l'époque de l'Athènes antique, les prostituées travaillent déjà sur le port du Pirée pour satisfaire les marins de passage. Au VIe siècle avant J.-C., le législateur Solon, irrité par les débordements publics, décide d'instaurer des maisons de passe, appelées *dicteria*. À Rome, les femmes qui crient la nuit pour héler leurs clients sont baptisées *lupae* (louves) ; c'est de cette expression que provient le mot « lupanar ». Elles opèrent la plupart du temps dans des chambres voûtées autour du Champ de Mars ; ainsi, le mot latin *fornix* (voûte) donnera le terme « fornication » pour désigner les relations hors mariage.

Au nom de la morale, la christianisation de l'Europe entraîne la condamnation, puis la répression de la prostitution. Sous Charlemagne, les péripatéticiennes sont condamnées à la flagellation publique. À partir du XIe siècle, l'Église se montre plus tolérante. Mais à son retour de croisade en 1254, dans un souci de moraliser son royaume, Saint Louis prend une décision radicale : il ordonne l'expulsion des villes de toutes les prostituées, ainsi que la confiscation de leurs biens. Cette mesure s'avère totalement contre-productive. Comprenant qu'il ne pourra pas éradiquer cette pratique, le roi de France se résout alors à l'encadrer. En 1256, il obtient que les prostituées de Paris soient reléguées loin des églises et du cœur des villes, dans des lieux spécifiques. Situées hors des fortifications, souvent en bord de Seine, ces cabanes de bois sont surnommées « bordels » (on dit aussi que le mot dériverait du vieux germanique *burda* signifiant « planche »). Des décrets similaires sont pris peu après dans toute la chrétienté.

Les maisons de prostitution vont subsister jusqu'à l'irruption de la syphilis au début du XVIe siècle, qui signera leur interdiction. Il faut attendre le XIXe siècle pour que les « maisons de passe » soient à nouveau légalisées. Leur entrée est signalée au moyen d'une lanterne rouge allumée par la tenancière pendant les heures d'ouverture et elles se reconnaissent à leurs volets fermés, à l'origine du terme « maisons closes ». Les prostituées sont soumises à des contrôles médicaux réguliers et placées sous l'autorité d'une femme, la maquerelle (d'un mot flamand voulant dire « trafiquer »). Durant la Belle Époque, quelques-uns de ces établissements acquerront une véritable renommée, comme *Le Chabanais*, *Le Sphinx* ou *Le One-Two-Two*. Peu après leur fermeture en 1946, un homme d'esprit déplora : « *Que c'est triste, tous ces volets ouverts…* »

15.

Pourquoi, en 1275, le vol d'une vache a-t-il provoqué une guerre ?

Dans le jargon diplomatique, le terme latin *casus belli* (« occasion de guerre ») est utilisé pour qualifier un acte de nature à provoquer un conflit militaire entre deux États. Dans la plupart des cas, il s'agit d'un incident de frontière, d'une crise de succession, de l'assassinat d'un ressortissant, d'un attentat, d'un arraisonnement de navire, de la signature d'un traité ou au contraire du non-respect d'une de ses clauses. Au cours de l'Histoire, de nombreuses guerres naquirent de *casus belli* insolites, comme le coup d'éventail du dey d'Alger au consul de France, prétexte à l'invasion de l'Algérie en 1830. Mais le plus étonnant fut peut-être le vol d'une vache en Belgique.

En 1275, le marquis de Namur organise un tournoi à Andenne. Pendant les festivités, se tient une foire, où les paysans des environs proposent leur bétail à la vente. C'est alors qu'un certain Rigaud de Corbion, originaire du bourg de Ciney, reconnaît une vache qui lui a été volée quatre jours plus tôt. Le voleur, nommé Engoran, est un paysan du village de Jallet. La victime en avertit aussitôt son bailli, Jean de Halloy. Ce dernier, qui n'a pas autorité sur Andenne (située dans le comté de Namur), propose à Engoran de ramener l'animal, lui promettant que l'affaire en restera là.

Le ravisseur accepte de suivre le bailli jusqu'à Ciney. Mais sitôt qu'Engoran a pénétré dans sa juridiction, Halloy trahit sa parole et il le fait arrêter et pendre à un arbre.

Cette justice expéditive attise la colère du seigneur de Goesnes : c'était à lui de punir Engoran puisqu'il vivait sur son fief ! Ayant un vieux compte à régler avec le bailli, l'offensé envoie ses hommes se livrer à une expédition punitive, provoquant le saccage du château de Halloy. En représailles, le bailli fait incendier les terres de Goesnes. C'est l'escalade. Goesnes se place sous la protection du marquis de Namur, Guy de Dampierre, et du beau-père de ce dernier, le comte Henri V de Luxembourg. De son côté, Halloy sollicite l'appui de son suzerain, le prince-évêque de Liège, Jean d'Enghien. C'est ainsi qu'une simple rixe privée entre deux seigneurs va se transformer en un conflit mettant aux prises des autorités supérieures comme le marquis de Namur et le prince-évêque de Liège ainsi que leurs vassaux.

La guerre ravage toute la région du Condroz pendant trois ans. Une soixantaine de villages sont mis à feu et à sang. Si les Liégeois pillent la ville de Spontin, les Namurois et les Luxembourgeois font le siège de Ciney et mettent le feu à l'église dans laquelle se sont réfugiés les habitants. Il faudra attendre l'injonction du roi de France Philippe III en 1278 pour que prenne fin cette effroyable guerre, qui aurait fait 15 000 victimes. Surnommé aujourd'hui « la guerre de la Vache », ce conflit est une parfaite illustration des querelles liées au droit féodal.

16.

Pourquoi la ville de Corbeil a-t-elle donné son nom aux « corbillards » ?

De nombreuses appellations proviennent des communes où elles puisent leurs origines. C'est le cas de spécialités locales comme le camembert, le roquefort, le munster ou le pithiviers, mais aussi d'événements historiques comme « limoger », qui est hérité de la ville de Limoges. Le mot « corbillard » a été formé à partir du toponyme de Corbeil (actuelle Corbeil-Essonnes) en région parisienne.

Située au confluent de la Seine et de l'Essonne, Corbeil est au Moyen Âge un important carrefour commercial. Disposant des Grands Moulins, la commune reçoit une large partie des grains récoltés dans les fertiles plaines voisines de la Beauce et de la Brie, permettant à ses artisans de réaliser des pains très appréciés des Parisiens. Pour les transporter jusqu'à la capitale, les miches sont chargées sur des bateaux à fond plat, qui descendent la Seine à partir d'un lieu baptisé le « port aux Boulangers ». Tirés par des chevaux depuis le rivage, les coches d'eau qui assurent chaque jour la liaison entre Corbeil et Paris sont surnommés les « corbeillards » (ou « corbillats »).

En 1347, alors qu'elle a disparu depuis plusieurs siècles, la peste bubonique refait son apparition en Europe. Surgissant à Marseille en fin d'année, elle se propage peu à peu sur tout le territoire, atteignant Avignon en janvier 1348, Lyon en juin et Bordeaux en juillet. Le 20 août, elle est signalée à Paris. Les ravages causés par cette peste noire sont inédits. En quelques mois, jusqu'à un tiers de la population locale disparaît dans certaines régions. À Paris, on dénombre plus de 500 morts par jour. Il faut vite trouver une solution pour évacuer les milliers de cadavres qui ne cessent de s'amonceler dans les rues. On décide alors de creuser des fosses communes le long de la Seine. Et pour convoyer les corps, on réquisitionne les corbeillards.

Ce n'est toutefois qu'à partir du XVIIe siècle qu'apparaît le mot « corbillard », pour désigner la voiture hippomobile qui transporte les cercueils lors des enterrements. Certains historiens estiment que c'est la lenteur des bateaux reliant Corbeil à Paris qui aurait inspiré le nom des véhicules mortuaires. Notons que jusqu'à la Révolution, les corbillards sont réservés aux défunts les plus fortunés. À partir de 1804, les églises disposent du monopole des pompes funèbres et ont l'obligation de fournir un corbillard pour chaque enterrement. C'est à cette époque que sont créées six classes d'enterrement, en fonction des moyens financiers de la famille. Les plus aisés (ou ceux qui veulent le faire croire) se réservent une cérémonie fastueuse, avec des chevaux emplumés et caparaçonnés tirant le corbillard. De cette réglementation est aussi restée l'expression « enterrement de première classe ».

17.

Pourquoi Charles VI doit-il la vie à une adolescente de 14 ans ?

Monté sur le trône en 1380 à l'âge de 11 ans, Charles VI dirigea la France durant quarante-deux ans. Ce règne exceptionnellement long connut bien des aléas – telle la défaite d'Azincourt – d'autant que le roi sombra dans la folie, ce qui lui vaudra le célèbre sobriquet de Charles VI « le fou ». Le 5 août 1392, il tue quatre de ses compagnons avant d'être maîtrisé et désarmé ! Six mois plus tard, il manque de périr tragiquement... Mais cela aurait été sans compter sur l'intervention d'une jeune fille qui changera le cours de l'Histoire !

Le 28 janvier 1393, pour fêter le remariage de l'une de ses demoiselles d'honneur, la reine Isabeau de Bavière, épouse de Charles VI, organise ce qu'on appelle un « charivari », c'est-à-dire une sorte de carnaval organisé pour ce type de grandes d'occasions, durant lequel des musiciens ont l'habitude de faire du bruit avec toutes sortes d'objets. L'événement se tient à l'hôtel Saint-Pol, une demeure royale située à Paris en bord de Seine, où toute la cour a été conviée. Durant les festivités, les invités se mettent à danser gaiement. Et pour davantage de divertissement, l'écuyer d'honneur, Hugonin de Guisay, propose à Charles VI de se déguiser en « sauvage ». Le roi, l'écuyer et quatre compagnons revêtent des costumes en lin, lesquels sont enduits de poix et recouverts de poils et de plumes. Ils ne s'arrêtent pas là : pour dissimuler leur identité, les jeunes gens portent des masques et se lient entre eux par des chaînes. Mais un tel dispositif nécessite des précautions ! Les costumes étant inflammables, nul n'est autorisé à pénétrer dans la salle de bal muni d'une torche.

Pourtant, alors que la fête bat son plein, arrive le frère cadet du roi, Louis Ier d'Orléans, escorté de plusieurs chevaliers. Non avertis des consignes de sécurité, ils entrent avec des flambeaux. Tout à coup, les lumières s'éteignent et les six sauvages font leur entrée en scène, hurlant comme des loups et lançant des obscénités aux spectateurs. Le malheur ne tarde pas à arriver ! Cherchant à découvrir qui se cache derrière les masques, le duc d'Orléans s'approche de trop près et son flambeau enflamme les déguisements ! Transformés en torches vivantes, les comparses ne parviennent pas à se dépêtrer de leurs costumes à cause des liens qui les réunient. C'est à ce moment précis que la tante de Charles VI, Jeanne de Boulogne, duchesse d'Auvergne et du Berry, alors âgée de 14 ans, se précipite sur le souverain, qui par chance n'était pas enchaîné, pour l'envelopper de sa robe et de ses jupons, et par cette habile technique étouffer les flammes. De leur côté, les cinq compagnons du roi hurlent de douleur, sous les yeux affolés des courtisans qui tentent – en vain – de leur venir en aide. Un seul survivra à cette tragédie : Ogier de Nantouillet, qui parvint à se dégager et à se jeter dans une vaste cuve servant à rincer la vaisselle. Le comte de Joigny meurt sur place, tandis qu'Yvain de Foix et Aymard de Poitiers décèdent deux jours plus tard.

Quant à l'instigateur de ce funeste spectacle, Hugonin de Guisay, il survit un jour de plus, ne cessant d'insulter et de maudire ses compagnons durant son agonie. Déjà très fragile mentalement, cet événement, aujourd'hui connu sous le nom de « Bal des Ardents », propulse le monarque de manière définitive dans la folie. Notons enfin qu'en 1849, Edgar Allan Poe s'inspira de cet épisode de notre Histoire dans sa nouvelle intitulée *Hop-Frog*.

18.

Pourquoi une bataille est-elle à l'origine de l'expression « mettre la pâtée » ?

La guerre de Cent Ans (qui en réalité a duré 116 ans) est connue pour ses multiples batailles, dont la première est celle de Crécy. Elle s'est tenue en 1346, et a vu la chevalerie française écrasée par les archers anglais, pourtant moins nombreux. Citons aussi la célèbre bataille de Poitiers en 1356, où le roi de France Jean II le Bon fut fait prisonnier, et bien sûr celle d'Azincourt en 1415 qui signa la mort de la chevalerie féodale française. Sans oublier le siège d'Orléans en 1429 qui vit le triomphe de Jeanne d'Arc. On connaît moins en revanche la bataille de Patay, néanmoins décisive et à l'origine d'une expression toujours très populaire…

En 1429, les Anglais et leurs alliés bourguignons sont maîtres du nord de la France jusqu'à la Loire. Après s'être emparés de plusieurs places fortes le long du fleuve, ils débutent le siège d'Orléans, dernier verrou qui leur permettrait de contrôler la vallée de la Loire et d'envahir le sud du royaume. Présentée au Dauphin en février 1429, Jeanne d'Arc convainc celui-ci de lui confier une petite troupe pour aller délivrer la ville. Grâce à la Pucelle, voilà l'opération bientôt couronnée de succès et la cité libérée à la date du 8 mai. Portés par leur victoire, les Français passent alors à l'offensive et descendent le cours du fleuve pour chasser les Anglais de la région.

Le 12 juin, ils rencontrent l'ennemi une première fois devant la petite ville de Jargeau. Pourtant blessée à la tête par une pierre, Jeanne d'Arc n'hésite pas à partir à l'assaut des remparts. Les Français se saisissent de la place forte et capturent le duc de Suffolk, commandant les troupes anglaises. L'armée royale poursuit ensuite les envahisseurs et leur inflige une nouvelle défaite le 15 juin à Meung-sur-Loire, puis le 17 juin à Beaugency. Le lendemain, alors qu'elle remonte vers le nord, elle se heurte non loin du village de Patay à une troupe anglaise venue de Paris et envoyée au secours du château de Beaugency. C'est alors la première fois depuis le début de la campagne du Val de Loire que les deux armées se font face dans une bataille rangée.

Quatorze ans après le désastre d'Azincourt, la cavalerie française désire prendre sa revanche sur les redoutables archers anglais, qu'elle parvient à déborder grâce à une violente charge. Menée par le duc d'Alençon et bénéficiant de l'appui de soldats écossais, l'armée royale, pourtant en nette infériorité numérique, remporte une victoire totale sur les Anglais ! Sur 5 000 combattants, les Anglais comptent plus de 2 000 morts et 400 prisonniers, parmi lesquels le célèbre John Talbot, qui avait succédé à Suffolk à la tête du commandement. Les pertes françaises, quant à elles, sont dérisoires en comparaison. La victoire de Patay est d'ailleurs si éclatante qu'elle donne naissance à l'expression « mettre la Patay ». Vous l'aurez deviné, celle-ci se changera avec le temps en « mettre la pâtée », toujours usitée aujourd'hui. Notons à cette occasion que ce genre de déformation linguistique n'est pas rare. Par exemple, l'expression « tomber dans les pâmes » se transforma ainsi en « tomber dans les pommes ».

19.

Pourquoi un château a-t-il donné naissance à l'expression « faire ripaille » ?

Situé en Haute-Savoie sur les rives du lac Léman, au nord de la commune de Thonon-les-Bains, le château de Ripaille est l'un des plus beaux de la région. Si son histoire est indissociable de celle des comtes de Savoie, cet ancien manoir construit à la fin du XIIIe siècle est aussi et surtout, dans le cas qui nous intéresse, à l'origine d'une expression bien connue des bons vivants.

Le château de Ripaille doit sa renommée à un personnage éminent de l'histoire de la Savoie : le duc Amédée VIII. Fils du comte de Savoie Amédée VII, il naît à Chambéry en 1383. À l'âge de 8 ans, il perd son père qui succombe au tétanos, contracté à la suite d'une blessure de chasse. Puis, il est marié à 10 ans seulement, à Châlons-sur-Saône, à la fille de son propre régent, le duc Philippe II de Bourgogne. Marie, la jeune épouse, n'a quant à elle que 7 ans ! Le duc de Bourgogne dispense à son gendre une éducation soignée, ce qui contribue à en faire un esthète et un prince éclairé. En 1398, la période de régence prend fin et Amédée VIII commence son règne tant attendu. Le nouveau comte se révèle un diplomate habile, qui étend ses possessions dans le Genevois et le Piémont. C'est d'ailleurs grâce à lui qu'en 1401, Annecy est acquise par la Savoie.

En 1416, l'empereur germanique Sigismond est reçu à Chambéry. Pour remercier Amédée de ses interventions diplomatiques en faveur de la résolution du Grand Schisme d'Occident[1], l'empereur élève la Savoie au rang de duché. Retenons au passage que le premier duc de Savoie est aussi à l'origine de la fondation de l'université de Turin. En 1430, il rédige les *Statuta Sabaudiae* (Statuts de Savoie), embryon d'une Constitution pour le duché. Dans le même temps, il agrandit et modernise son château de Ripaille, auquel il adjoint un prieuré. Malheureusement, son épouse, qui lui a donné pas moins de sept enfants, décède à l'issue d'une ultime grossesse.

Douze ans plus tard, en 1434, Amédée VIII, alors en pleine gloire, annonce à sa cour qu'il se retire au prieuré de Ripaille. Sans abdiquer pour autant, il confie le pouvoir à son fils, le comte de Genève. Six de ses compagnons le suivent alors dans sa retraite, le duc ayant d'ailleurs créé pour ses hommes et lui l'Ordre de saint Maurice. Respectant leur vœu de chasteté, tous se consacrent cinq jours par semaine à une vie monacale. Pourtant, si leur existence est austère, ils ne renoncent pas aux plaisirs de la table. Profitant de la giboyeuse réserve du domaine, ainsi que de l'excellent vin qu'on y produit, le duc et ses amis organisent régulièrement des festins grandioses, qui seraient à l'origine de l'adage latin *Facere ripaliam, hoc est indulgere ventri*, que l'on peut traduire par « Faire ripaille, c'est soigner son ventre ». Toutefois, ce n'est que bien plus tard, au XVIIIe siècle, que Voltaire ironise sur l'hédonisme du duc en son château, en popularisant l'expression « faire ripaille ».

Précisons néanmoins que pour certains linguistes, le mot « ripaille » aurait une tout autre origine et viendrait du vieux verbe « riper » (signifiant « racler »), une allusion aux soldats qui allaient manger chez l'habitant et raclaient leurs plats pour ne rien laisser du contenu.

---

1. Voir *Les Pourquoi de l'Histoire 2.*

20

Pourquoi Charles VIII est-il mort à cause d'une porte ?

Il est bien souvent glorieux pour un souverain de mourir sur le champ de bataille, à l'instar de Harold II d'Angleterre. Mais nombre d'entre eux furent assassinés, comme le célèbre Henri IV, poignardé par Ravaillac, ou exécutés, tel Louis XVI dont la tête fut tranchée par la guillotine. D'autres encore périrent dans des circonstances qui prêtent à sourire. Songeons par exemple à la mort de Jean XXI en 1277, seul pape portugais de l'Histoire et qui succomba sous l'effondrement du toit de son palais de Viterbe en cours de restauration. Quant au roi de France Charles VIII, c'est un autre élément du décor qui est à l'origine de son décès…

Fils de Louis XI, Charles VIII monte sur le trône de France en 1483. Passionné par les romans de chevalerie, le jeune roi revendique de vagues droits familiaux sur le royaume de Naples pour engager la France dans les guerres d'Italie. Mais ce 7 avril 1498, âgé de 27 ans, le souverain se trouve alors au château d'Amboise. Depuis quelques jours, il se plaint de douleurs à la tête et ses médecins lui ont conseillé de se reposer. Mais voilà, le malade a besoin de divertissement ! Aussi part-il chasser avant de revenir déjeuner au château et goûter une orange envoyée d'Italie, dans laquelle il aurait peut-être mieux fait de ne pas croquer. Le repas terminé, il va trouver la reine Anne de Bretagne dans ses appartements et lui propose de l'accompagner pour assister à une partie de jeu de paume dans les fossés du château.

Idée bientôt tragique ! Car pour s'y rendre, le roi et la reine doivent emprunter un passage souterrain, puis traverser une galerie, juste au-dessus du fossé. Au moment de passer le seuil de la porte, très basse, de la galerie, Charles VIII oublie de se baisser et sa tête heurte violement le linteau. Un peu étourdi, il vacille un instant, puis rejoint sa loge et assiste comme prévu à la partie de jeu. Passionné par le match, le roi converse même avec plusieurs personnes. Vers deux heures de l'après-midi, en pleine conversation, il s'écroule brusquement à terre et perd connaissance. Deux de ses compagnons le couchent sur une paillasse à l'intérieur de la galerie encombrée de sacs de sable et de chaux.

C'est dans ce funeste lieu à l'odeur pestilentielle que Charles VIII reste neuf heures inanimé, sans que personne n'ose le déplacer. Les médecins ne cachent pas leur pessimisme. À trois reprises, le roi prononce d'une voix faible quelques supplications, puis s'éteint dans la soirée. Ce décès est lourd de signification, puisqu'en l'absence d'héritier s'achève désormais la dynastie des Valois directs, inaugurée 119 ans plus tôt avec Philippe VI et qui comptait sept rois de France. Cousin du défunt, le duc Louis d'Orléans inaugure alors celle des Valois Orléans.

Une part de mystère demeure toujours. Certains de ses contemporains ont prétendu que le roi avait été empoisonné par l'orange qu'il avait consommée, peut-être à l'instigation du pape Alexandre VI Borgia. En réalité, le souverain souffrait de problèmes cardiaques, sans doute hérités de son père, et le choc frontal lui aurait causé une hémorragie cérébrale. Notons pour finir qu'un accident semblable était déjà survenu à un autre roi de France : en 882, Louis III se fracassa la tête contre le linteau de pierre d'une porte, alors qu'il poursuivait à cheval une jeune femme venue se réfugier dans la maison de son père…

21.

Pourquoi le mot « bicoque » doit-il son origine à une bataille des guerres d'Italie ?

Synonyme d'habitation mal construite ou mal entretenue, le mot « bicoque » est emprunté à l'italien *bicocca*. Or, au moment de son apparition en France au XVIe siècle, sa définition était quelque peu différente puisqu'il désignait une « place forte dont les fortifications ne sont guère solides », en référence à une bataille des guerres d'Italie qui opposa Français et Impériaux le 27 avril 1522. Voilà l'occasion pour nous de remonter à l'origine de ce terme péjoratif.

Ces affrontements débutent en 1494, lorsque le roi de France Charles VIII traverse les Alpes avec son armée pour envahir le royaume de Naples, dont il réclame la couronne. Si l'aventure se solde par un échec, son successeur Louis XII fait quant à lui valoir ses prétentions sur le duché de Milan. S'ensuivent alors plusieurs conflits, où les alliances avec les républiques et principautés de la péninsule se font et se défont au gré des circonstances et des protagonistes. En 1513, face aux tentatives d'invasion de son royaume – y compris par les Suisses qui font le siège de Dijon – Louis XII est contraint de retirer ses troupes d'Italie.

Puis, lorsque son petit-cousin François Ier prend sa suite sur le trône le 1er janvier 1515, celui-ci entreprend aussitôt de relancer la guerre dans la péninsule. Le 14 septembre, les

Français écrasent les Suisses, alliés au duc de Milan, à Marignan dans la plaine du Pô. Avec environ 16 000 morts, cette bataille est la plus meurtrière en Europe depuis l'Antiquité. La route de la Lombardie est désormais ouverte, et François Ier s'empare de Milan le 4 octobre, chassant du pouvoir le duc Maximilien Sforza. Pendant six ans, les Français restent ainsi maîtres du Milanais. Mais au bout de ces six ans, un retournement de situation intervient et la guerre reprend de plus belle, opposant François Ier au nouveau souverain du Saint-Empire, Charles Quint, allié à l'Angleterre et aux États pontificaux. En novembre 1521, le vicomte français de Lautrec, gouverneur de Milan, doit battre en retraite. Pour reconquérir la ville, il reçoit au printemps 1522 le renfort de 16 000 mercenaires suisses. Le plan est simple. Prospero Colonna, qui commande les troupes impériales, a prévu de bloquer les Français au nord de Milan et s'installe avec son armée dans une place forte de médiocre réputation, appelée « La Bicocca ».

Lautrec assiège donc la forteresse. Cependant, n'ayant pas perçu leur solde, les mercenaires suisses le somment de lancer l'assaut, sans quoi ils rentreront dans leurs cantons. Si le vicomte sait que l'attaque est prématurée, il cède au chantage le 27 avril 1522, n'ayant pas reçu l'argent promis par le roi et ne pouvant donc faire patienter plus longtemps ses hommes. La bataille se révèle un désastre. Victimes des arquebusiers espagnols campés dans leurs retranchements, les Suisses ne parviennent ni à franchir les fossés, ni à escalader les remparts. Après des pertes considérables, ils se replient. À la suite de cet échec, les Français quittent la Lombardie alors que les chroniqueurs surnomment cette bataille la « journée de la Bicoque ». Le mot *bicocca* passe donc dans la langue espagnole avec le sens d'« aubaine ». Si « bicoque » est venue à désigner en français une « maison délabrée », il s'agit peut-être là d'une ironie de mauvais perdants…

22.

Pourquoi une reine de France a-t-elle laissé son nom à la plus célèbre variété de prunes ?

Bien peu de personnes peuvent s'enorgueillir d'avoir laissé leur nom à un fruit populaire. Parmi les exemples les plus connus, on peut citer l'Australienne Maria Ann Smith, cultivatrice de la célèbre pomme verte Granny Smith, ou encore Frère Clément et son hybride de bigarade (orange amère) et mandarine : la clémentine. Mais l'histoire la plus mémorable demeure celle de la reine-claude, cette prune ronde et verte, à la chair fondante, sucrée et parfumée. Apparue en France au XVIe siècle, elle doit son nom à l'épouse de François Ier. Une savoureuse histoire !

Née en 1499, Claude de France est la fille de Louis XII et d'Anne de Bretagne. Héritière du duché de Bretagne, elle est d'abord fiancée au petit-fils de l'empereur Maximilien, le futur Charles Quint. Puis en mai 1514, alors qu'elle n'a pas 15 ans, elle épouse l'héritier au trône de France, le comte d'Angoulême. L'année suivante, à la mort de Louis XII, son mari devient roi de France sous le nom de François Ier. Discrète et effacée, Claude de France ne s'impliquera pas dans la politique de son époux, se consacrant à la religion. Malgré son physique disgracieux (elle souffrait d'un surpoids et de claudication), elle est reconnue par ses sujets pour son âme charitable et ses qualités de cœur. Elle mourra en couches avant d'avoir atteint son vingt-cinquième anniversaire, épuisée par des grossesses successives.

Deux versions circulent quant aux raisons pour lesquelles son nom fut donné à une variété de prunes. Selon la première, le sultan ottoman, Soliman le Magnifique, aurait fait cadeau à François Ier de jeunes pruniers d'une espèce inconnue en France. Le roi les aurait confiés à des moines agronomes de Carennac, un village du Lot arrosé par la Dordogne et dont le sol avait la spécificité d'être identique à celui des terres ottomanes. La reine appréciant le fruit, les moines l'auraient baptisé en son honneur « reine-claude ». Cinq siècles plus tard, la « reine-claude dorée de Carennac » fait encore la renommée de la région et chaque année, le premier ou deuxième lundi du mois d'août, se tient dans la commune l'un des plus importants marchés aux prunes du pays.

La seconde explication est postérieure à la mort de la reine. En 1546, le botaniste Pierre Belon accompagna deux ambassadeurs français dans l'Empire ottoman. Pendant trois ans, le savant sillonne l'Orient, découvrant la Grèce, la Turquie, l'Égypte, la Syrie et la Palestine. De son voyage au Levant, Belon rapporte quantité d'observations sur la faune et la flore, ainsi que plusieurs arbustes, dans le dessein de les acclimater à son retour. Parmi ceux-ci, des platanes, qu'il sera le premier à planter en France, mais également des pruniers. Après plusieurs années d'expériences de greffages, Belon aurait mis au point une nouvelle variété de prunes particulièrement sucrées. Bénéficiant d'une pension d'Henri II pour poursuivre ses travaux, il aurait décidé de baptiser cette délicieuse prune « reine-claude », en hommage à la mère du souverain, Claude de France, que ses sujets jugeaient « bonne et douce ».

23.

Pourquoi l'épitaphe d'un maréchal de François Ier a-t-elle donné naissance aux lapalissades ?

Appelée truisme ou tautologie, une vérité d'évidence est souvent désignée sous le terme de « lapalissade ». Or, si ce mot a été forgé à partir du nom de Jacques de Chabannes, seigneur de La Palice, c'est en raison d'une épitaphe mal interprétée…

Jacques de Chabannes naît au château de La Palice (ou Lapalisse) en 1470. Petit-fils d'un compagnon de Jeanne d'Arc, il débute sa carrière militaire à l'âge de 15 ans dans l'armée de Charles VIII et participe à la campagne d'Italie, pendant laquelle il se distingue par son courage à la bataille de Fornoue. Sous Louis XII, en 1509, La Palice devient commandant en chef des troupes françaises en Lombardie, avant d'obtenir deux ans plus tard la prestigieuse charge de Grand maître de France. Puis, à la mort du duc de Nemours (neveu de Louis XII), il prend la tête des armées françaises en Italie. Lors de l'accession au trône de François Ier, il est élevé à la dignité de maréchal de France. Enfin, il participe à la glorieuse bataille de Marignan en 1515, puis, sept ans plus tard, à celle de la Bicoque (voir le sujet 21).

C'est au cours d'une nouvelle bataille que le 24 février 1525, La Palice meurt de manière héroïque lors du fameux siège de Pavie, au cours duquel le roi de France est fait prisonnier. Aussi, des soldats composent-ils le soir même une chanson pour rendre hommage au courage de leur maréchal. Le chant contient la désormais célèbre strophe d'une logique implacable : « *Hélas, La Palice est mort / Est mort devant Pavie / Hélas, s'il n'était pas mort / Il ferait encore envie.* » Cinq and plus tard, sa veuve Marie de Melun fait édifier un somptueux tombeau dans la chapelle du château de La Palice. S'inspirant des paroles, elle dicte l'épitaphe : « *Ci-gît le Seigneur de La Palice. S'il n'était mort, il ferait encore envie.* » Or, à l'époque, la lettre « s » s'écrivait en minuscule « ſ ». Ce « s long », comme on l'appelle aujourd'hui et qui subsistera en imprimerie jusqu'au début du XIXe siècle, peut être facilement confondu avec un « f » minuscule. C'est ainsi que la phrase sera lue de manière erronée : « *S'il n'était mort, il serait encore en vie.* »

Au début du XVIIIe siècle, le poète Bernard de La Monnoye, amusé par l'épitaphe, compose une chanson consacrée à La Palice, dont chacune des 52 strophes se termine par une tautologie. L'une est demeurée célèbre : « *Monsieur d' La Palisse est mort / Il est mort devant Pavie / Un quart d'heure avant sa mort / Il était encore en vie.* » Quant au mot « lapalissade », il sera inventé en 1863 par Edmond Goncourt, offrant au maréchal une ironique postérité. Notons qu'il y a une douzaine d'années, le Premier ministre Jean-Pierre Raffarin, friand de tautologies, inspira le terme de « raffarinade ». Toutefois, au contraire du maréchal de La Palice, le mot n'a pas survécu à son départ de Matignon.

24.
Pourquoi un mari jaloux aurait-il volontairement transmis la syphilis à François Ier ?

On raconte souvent que la terrible maladie de la syphilis pourrait avoir été ramenée d'Amérique en Europe par Christophe Colomb lors de son premier voyage. En 1494, des marins espagnols venus combattre les troupes françaises durant les guerres d'Italie l'auraient alors répandue dans le pays. Cette maladie vénérienne fut d'ailleurs baptisée en France le « mal de Naples ». En quelques décennies, elle se diffusa dans toute l'Europe et n'épargna pas les souverains. Les rois ennemis, Charles Quint et François Ier, en souffrirent tous deux. Pire encore, si l'on en croit un chroniqueur, le roi de France aurait été contaminé par un mari jaloux. En voilà ici le mystère révélé !

Il est admis que François Ier était un amateur de femmes. On lui prête cette douce formule : « *Une cour sans femmes, c'est comme un jardin sans fleurs.* » Le roi collectionne les favorites : Françoise de Foix, Anne de Pisseleu ou encore Claude de Rohan-Gié. Certaines resteront anonymes, telle cette aristocrate qui donna naissance au seul bâtard pourtant officiellement reconnu : Nicolas d'Estouteville. Vers 1538, le monarque tombe sous le charme de la femme d'un avocat de Paris, Jean Ferron. La dame est mince, possède des yeux bleus, des cheveux noirs et les plus belles jambes du royaume. Sa beauté lui vaut un surnom bien connu : « La Belle Ferronnière ». Car, selon la légende, lorsque François Ier lui fit des avances, elle en fut si indignée qu'une des veines de son front se rompit. Pour dissimuler la légère cicatrice, la jeune femme prit l'habitude de placer sur son front un bijou maintenu par un lacet de soie noué à l'arrière de la tête. Devenue à la mode, cette parure sera baptisée par la suite « ferronnière ».

C'est alors que des courtisans, reprochant à la Belle Ferronnière d'avoir éconduit le roi, poussent le souverain à faire regretter à la dame son effronterie, tandis que l'on ne manque pas d'avertir le mari de l'intéressée. Maladivement jaloux, celui-ci se résigne à voir sa femme devenir la maîtresse du souverain, mais décide aussitôt de se venger de manière machiavélique. Durant dix jours, il fréquente en secret plusieurs prostituées de la capitale afin de se faire contaminer par la syphilis, et va transmettre sciemment la maladie à son épouse, pour qu'elle infecte à son tour François Ier. Rendue publique en 1601, soit plus d'un demi-siècle après la mort du souverain, l'anecdote est toutefois sujette à caution. Son auteur, un certain Louis Guyon, médecin d'Uzerche, affirme pourtant que le roi de France mourut de cette maladie en 1547.

Précisons enfin que cette maîtresse de François Ier n'a rien à voir avec le célèbre tableau de Léonard de Vinci, *La Belle Ferronnière*. Peinte à Milan entre 1495 et 1497, cette toile brosse le portrait d'une aristocrate milanaise (soit Béatrice d'Este, épouse du duc de Milan, soit la maîtresse de celui-ci, Lucrezia Crivelli). En fait, c'est le peintre Ingres qui, au XIXe siècle, confondit ce tableau avec un portrait de profil représentant la maîtresse de François Ier, induit en erreur par la ferronnière que porte l'Italienne sur le front.

25.

Pourquoi, sans Henri II, ne pourrait-on pas jouer à « pile ou face » ?

Que ce soit avant une rencontre sportive ou au début d'un débat politique, la coutume veut que l'on tire à pile ou face afin de laisser le hasard décider. Plus répandue que la courte paille, cette méthode qui ne nécessite qu'une simple pièce de monnaie n'aurait pas pu exister sans le décret du roi Henri II !

Durant l'Antiquité, les enfants grecs jouent à un jeu appelé *ostrakinda*, qui consiste à jeter en l'air une coquille ou un tesson de jarre dont l'un des côtés est blanc et l'autre foncé. Avec l'apparition des premières pièces de monnaie au VIIe siècle avant J.-C., les cités grecques prennent l'habitude de représenter leur emblème d'un côté et le portrait d'un dieu ou d'un souverain de l'autre. À Rome, on grave ainsi les pièces de monnaie du visage de Janus (dieu du commerce, dont le nom a donné le mois de janvier), tandis que sur l'autre face est gravée la proue d'un vaisseau. On ne joue donc pas à pile ou face mais à *capita aut navia* (tête ou navire).

C'est à partir de l'époque carolingienne que les pièces sont ornées d'une croix sur l'avers et d'un monogramme ou d'un symbole sur le revers. Ce dernier est appelé « pile », mot qui désigne au Moyen Âge le coin inférieur du marteau qui frappe la monnaie. De manière logique, le jeu prend alors le nom de « croix ou pile ». À la Renaissance et avec un nouvel essor des arts, les souverains désirent voir apparaître des pièces de monnaie à leur effigie. C'est ainsi qu'en 1548, le roi Henri II, tout juste monté sur le trône, publie une ordonnance lui permettant de remplacer la croix de l'avers par son portrait. Par coutume, on continue à utiliser l'expression « croix ou pile » et il faudra attendre le XIXe siècle pour que « pile ou face » s'impose définitivement.

Jeu de hasard par excellence, le pile ou face est utilisé par les mathématiciens pour échafauder la théorie des probabilités. Il sert ainsi de modèle à Blaise Pascal pour illustrer son célèbre pari. Il est aussi et surtout à l'origine de nombreuses anecdotes fameuses. En 1851, les Américains Francis W. Pettygrove et Asa Lovejoy fondent une ville dans l'État de l'Oregon, sans parvenir à se mettre d'accord sur son nom. Chacun veut reprendre celui de sa ville natale. Pour mettre fin à leur querelle, ils décident de tirer à pile ou face. Le sort tranche en faveur de Pettygrove qui baptise donc cette nouvelle cité Portland, aujourd'hui prospère et peuplée de deux millions d'habitants. Bien plus récemment, le 4 mai 2015, Alan McIsaac, candidat au poste de député au Parlement de l'Île-du-Prince-Édouard (la plus petite province canadienne), obtient le même nombre de suffrages que sa rivale. Pour les départager, on procède, comme la loi électorale de la province le permet, à un tirage au sort par pile ou face, qui conduit McIsaac à la victoire !

26.

Pourquoi la satisfaction d'un besoin urgent a-t-elle été fatale au père d'Henri IV ?

Savez-vous qu'une étude très sérieuse de la *World Toilet Organization* a démontré que nous passions dans notre vie en moyenne près de trois années aux toilettes ? Temps suffisant pour que plusieurs chefs d'État y trouvent la mort ! En 217 par exemple, lorsque l'empereur romain Caracalla, en voyage en Mésopotamie, fait arrêter son convoi pour aller satisfaire un besoin pressant, un membre de la garde prétorienne nommé Martialis en profite pour le tuer d'un coup de glaive dans le dos. C'est au tour d'Henri III, en 1589, d'être poignardé par le moine Clément sur sa chaise percée. Mais s'il y a bien un souverain qui regretta de s'être soulagé, c'est le roi de Navarre, Antoine de Bourbon, père d'Henri IV.

Né en 1518, Antoine de Bourbon est le fils de Charles IV de Bourbon, descendant de Saint Louis et fidèle lieutenant de François Ier. À la mort de son père, il hérite du titre de duc de Vendôme. En 1548, il épouse Jeanne d'Albret, fille du roi Henri II de Navarre et de la sœur de François Ier, Marguerite d'Angoulême. Le couple aura cinq enfants, dont deux seulement survivront : Catherine de Bourbon et le futur Henri IV. En 1555, à la mort de son père, Jeanne d'Albret devient reine de Navarre sous le titre de Jeanne III. Elle doit cependant partager le pouvoir avec son mari. En tant que premier prince de sang et roi consort de Navarre, Antoine de Bourbon devrait occuper une place prééminente à la cour, mais ses sympathies pour la réforme protestante le maintiennent à l'écart du trône. Toutefois l'Histoire n'a pas dit son dernier mot. Le jeune roi François II décède, après une année seulement de règne. Son successeur Charles IX n'étant âgé que de 10 ans, Antoine de Bourbon prétend alors à la régence. Toutefois, celle-ci échoit à la reine mère, Catherine de Médicis. Le roi de Navarre se voit néanmoins confier le titre de lieutenant général du royaume et ne tarde pas à rejoindre le parti catholique, tandis que son frère, le prince de Condé, devient le chef du camp réformé.

Jeanne d'Albret s'étant entre-temps convertie au protestantisme, Bourbon tente de la répudier, espérant par cette manœuvre conserver pour lui seul le trône de Navarre. En vain. Le 1er mars 1562, le massacre de 74 protestants à Wassy par les hommes du duc de Guise entraîne la première guerre de religion. En avril, Rouen tombe aux mains des protestants, qui fortifient la ville avec l'aide d'un contingent anglais. À la tête de l'armée royale, Antoine de Bourbon mène le siège. Le 16 octobre 1562, alors qu'il inspecte des tranchées, il est saisi d'une envie pressante et en profite pour uriner contre les remparts de la ville. Mais le moment est bien mal choisi ! Un boulet d'arquebuse le touche et le blesse à l'épaule gauche. Consulté pour le sauver, le célèbre chirurgien Ambroise Paré ne parvient malheureusement pas à extraire le projectile. Lorsque Rouen est reprise par les catholiques le 26 octobre, c'est un souverain alité et souffrant de gangrène qui fait le tour de la ville. La maladie ronge son corps et Antoine de Bourbon est embarqué le 15 novembre sur une galère qui remonte la Seine vers Paris, pour finalement mourir deux jours plus tard. Ce décès peu glorieux inspira à Voltaire l'épitaphe suivante : « *Ami français, le prince ici gisant vécut sans gloire, et mourut en pissant.* »

27.

Pourquoi le peintre Daniele da Volterra fut-il surnommé « le faiseur de culottes » ?

Daniele Ricciarelli, mieux connu sous le nom de Daniele da Volterra (tiré de sa ville d'origine), est un peintre et sculpteur italien de la Renaissance tardive. Conservée au musée du Louvre à Paris, son œuvre maîtresse fut longtemps attribuée à Michel-Ange, dont il était l'ami. Réalisé vers 1555, *David et Goliath* représente une même scène vue de face et de dos. Mais pourquoi Volterra est-il passé à la postérité sous un sobriquet insolite : *Il Braghettone* (« le faiseur de culottes »). Pourquoi ?

Conçue par l'architecte Baccio Pontelli à la demande du pape Sixte IV, la chapelle Sixtine est inaugurée en 1483. Vingt-cinq ans plus tard, le pape Jules II charge Michel-Ange, qui n'était alors que sculpteur, de décorer la voûte avec des scènes et des personnages bibliques. L'artiste mettra quatre années pour venir à bout des 800 mètres carrés de fresques retraçant les principaux épisodes de la Genèse. À la mort du pape, Michel-Ange se rend à Florence, où il va rester près de vingt ans, avant de faire son retour à Rome en 1532. Le nouveau souverain pontife, Clément VII, le sollicite pour décorer la voûte de l'autel de la chapelle Sixtine avec une représentation du Jugement dernier. Le projet est si titanesque qu'à la mort de Clément VII en septembre 1534, Michel-Ange suggère à son successeur de renoncer à poursuivre les travaux, ce qui laisserait le temps d'achever le tombeau de Jules II, entamé vingt-cinq ans plus tôt.

Mais le nouveau saint-père, Paul III, insiste pour que le dessein de son prédécesseur soit mené à son terme et nomme Michel-Ange architecte, peintre et sculpteur du Vatican. Âgé de 60 ans, ce dernier ne peut se dérober et commence une nouvelle fois de longs travaux qui vont durer six ans. Le 1er novembre 1541, la fresque est enfin inaugurée par Paul III. En forme de double lunette, elle s'étend sur 20 mètres de haut et 10 de large. Très différente des traditionnelles représentations du Jugement dernier, elle met en scène près de 400 personnages, dont le Christ en jeune homme viril et athlétique. Mais voilà ! L'œuvre fait scandale en raison de la nudité de ses personnages ! Aussi Paul IV, qui succède à Paul III, ordonne-t-il à l'artiste de modifier sa peinture. Michel-Ange refuse obstinément. Pire encore, des prélats exigent la destruction de la fresque.

Le 18 février 1564, à 88 ans, Michel-Ange est sur son lit de mort. À son chevet, son ami Daniele da Volterra recueille ses dernières volontés et sera son exécuteur testamentaire. L'auteur du *Jugement dernier* ne pouvant plus s'opposer à la modification de sa fresque, le cardinal Charles Borromée, neveu du pape Pie IV, charge alors Volterra de recouvrir de voiles pudiques les parties génitales des personnages. Le peintre s'exécute, ce qui lui vaudra le surnom *Il Braghettone*, « le faiseur de culottes » !

28.

Pourquoi un serviteur d'Henri III est-il à l'origine de l'expression « en rang d'oignons » ?

Les expressions populaires sont parfois si anciennes qu'il n'est pas rare de ne plus en connaître le sens premier. Certaines, comme par exemple « s'en moquer comme de l'an quarante », demeurent aujourd'hui encore inexpliquées. Au contraire, la signification de la formule « en rang d'oignons » semble limpide et renvoyer à la manière de planter ces légumes, bien alignés les uns à côté des autres. Pourtant, loin des considérations agricoles, cette expression doit en réalité son origine à un homme qui servit quatre rois de France : Artus de La Fontaine, baron d'Ognon.

Dans la commune d'Ognon, dans l'Oise, se trouve un château qui était au XVIe siècle la propriété de la famille La Fontaine. Écuyer et panetier, Pierre de La Fontaine y reçoit le roi de France Louis XII. Son fils Jean de La Fontaine – sans lien avec l'auteur des célèbres *Fables* – devient maître d'hôtel de François Ier. Héritant de la même charge, le petit-fils Artus, baron d'Ognon, conservera les faveurs de quatre rois successifs : Henri II, François II, Charles IX et Henri III.

C'est alors qu'éclate en 1574 la cinquième guerre de religion entre catholiques et protestants, qui se conclut le 6 mai 1576 par la paix de Beaulieu-lès-Loches. Cet accord, à l'initiative du duc d'Alençon, frère du roi, est favorable aux protestants puisqu'il condamne officiellement la Saint-Barthélemy, leur autorise la liberté de culte dans Paris et leur cède huit places fortes. Mécontents, les chefs catholiques, menés par le duc de Guise, refusent de se soumettre et d'appliquer les édits royaux, et constituent une ligue. Voilà de quoi perturber le pouvoir royal. Inquiet de la tournure des événements, Henri III convoque sans plus attendre les états généraux à Blois afin d'annuler la paix de Beaulieu. Les représentants des trois ordres (clergé, noblesse et tiers état) se déplacent pour l'occasion et le baron d'Ognon, grand maître des cérémonies, est chargé de disposer tous les députés en fonction de leur rang.

Expérimenté et consciencieux, Ognon remplit sa mission avec zèle. Son respect pointilleux du protocole et son talent pour placer tout le monde sur une même ligne agacent de nombreux seigneurs, qui auraient en réaction forgé la formule ironique : « en rang d'Ognon ». Avec le temps, si le personnage est tombé dans l'oubli, l'expression se transforme quant à elle en « rang d'oignons », par amalgame avec ces légumes plantés dans leurs sillons rectilignes.

Il faut cependant préciser qu'au début du XVIIe siècle, l'expression « en rang d'oignons » ne signifie pas être parfaitement aligné, mais prendre place dans une réunion où l'on n'est pas invité… La formule pourrait en réalité provenir de la manière dont les paysans rassemblaient les oignons qu'ils avaient cueillis, en les nouant par bottes, des plus gros aux plus petits. L'expression « en rang d'oignons » ne prendra son sens moderne qu'à la génération suivante.

29.

Pourquoi la Virginie a-t-elle été baptisée en l'honneur de la reine Élisabeth Ire ?

Des treize colonies fondatrices des États-Unis, la Virginie est sans aucun doute celle qui a joué le rôle le plus important dans l'Histoire américaine. Aujourd'hui peuplée de huit millions d'habitants, elle est surnommée la « mère des Présidents » ! Huit d'entre eux y sont nés, dont trois « Pères fondateurs » : George Washington, Thomas Jefferson et James Madison. Cette première colonie anglaise du Nouveau Monde a pourtant été baptisée en l'honneur de la célèbre reine d'Angleterre, Élisabeth Ire. N'est-ce pas insolite ? Découvrons pourquoi !

Fille du roi Henri VIII et de sa deuxième épouse, Anne Boleyn, Élisabeth Ire monte sur le trône d'Angleterre en 1558, à l'âge de 25 ans, succédant à sa demi-sœur Marie Ire. Alors que cette dernière, très catholique, avait persécuté les protestants (d'où son surnom de *Bloody Mary*, Marie la Sanglante), Élisabeth réinstaure le rite anglican. Cela lui vaut d'être excommuniée par le pape en 1570. Redoutant de perdre son pouvoir au profit d'un mari, la reine décline toutes les demandes en mariage, y compris celle de son beau-frère, le roi d'Espagne Philippe II, ou du duc d'Anjou, futur Henri III. Elle demeure toute sa vie célibataire, sans maternité. Elle érige sa virginité en vertu et proclame qu'elle est mariée à son royaume et à ses sujets. Interprétée comme la preuve d'une faveur divine, sa virginité inspire un véritable culte parmi ses sujets et sera exaltée par les artistes. Dans plusieurs portraits, la reine est représentée tenant un tamis, attribut de la chasteté.

À première vue, cela n'a aucun rapport avec les colonies d'Amérique. Et pourtant ! En fait, c'est sous le règne d'Élisabeth Ire que l'Angleterre bâtit sa puissance commerciale et maritime. En 1579, le corsaire Francis Drake se lance dans le deuxième tour du monde de l'Histoire, après celui de Magellan. Envoyé le long des côtes américaines pour explorer la Floride, l'explorateur Walter Raleigh débarque quant à lui le 5 juillet 1584 sur l'île de Roanoke Island (actuelle Caroline du Nord). Il y fonde le premier établissement anglais dans le Nouveau Monde et le baptise *Virginia*, en l'honneur d'Élisabeth, la reine vierge. Certains historiens affirment cependant que la colonie pourrait tirer son nom d'un chef amérindien nommé *Wingina*. Une centaine de colons viennent peupler le comptoir britannique et le 18 août 1587 naît enfin le premier sujet britannique originaire du continent américain : une petite fille, baptisée en toute logique… Virginia Dare.

Malheureusement, cette première colonie anglaise en Amérique reste éphémère : tous les colons vont disparaître mystérieusement sans laisser de traces… Le 14 mai 1607, quatre ans après la mort d'Élisabeth Ire, trois navires commandés par le capitaine Christopher Newport accostent dans la baie de Chesapeake avec à leur bord une centaine d'hommes. Ceux-ci fondent un nouvel établissement du nom de Jamestown, en l'honneur du roi Jacques Ier. Dirigés par la *Virginia Company*, retenons que ces colons introduisent le tabac et créent en 1619 une assemblée représentative, embryon du futur parlement.

30.

Pourquoi Saint-Malo a-t-elle été une République indépendante ?

Aujourd'hui sous-préfecture de l'Ille-et-Vilaine, peuplée d'environ 50 000 habitants, Saint-Malo est le principal port de la côte nord de Bretagne. Patrie de Jacques Cartier, le découvreur du Canada, ainsi que de Chateaubriand, dont la tombe se dresse face à la mer sur le rocher du Grand Bé, la ville est aussi célèbre pour ses corsaires : Duguay-Trouin, Mahé de La Bourdonnais, Robert Surcouf... Mais qui sait qu'en 1590, la cité bretonne a proclamé son indépendance vis-à-vis de la France ?

Saint-Malo doit son nom à un moine gallois du VIIe siècle, qui fut l'un des sept saints fondateurs de la Bretagne. Par sa position géographique, au carrefour de la Bretagne, de la Normandie et des îles anglo-normandes, la ville devient une cité maritime très convoitée. Au XVIe siècle, suite à la découverte de l'Amérique, elle connaît un essor plus que considérable. Le commerce avec le Brésil et le Canada, ainsi que la pêche à la morue, lui assurent une incroyable prospérité. La population de Saint-Malo atteint alors 10 000 habitants, incitant les notables malouins à s'organiser au sein d'un Conseil se réunissant chaque semaine pour œuvrer à la gestion de la cité.

Mais voilà, à la fin du XVIe siècle, la France est embourbée dans les guerres de religion. La bourgeoisie malouine, profondément catholique, aimerait se préserver contre toute conséquence économique. En août 1589, après l'assassinat d'Henri III, le protestant Henri IV monte sur le trône de France. Le nouveau roi ne tarde pas à faire son entrée en décembre 1589 à Laval, et les Malouins craignent que leur gouverneur, le baron de Fontaines, ne lui ouvre aussi les portes de leur ville. Pour s'assurer de leur sécurité, une cinquantaine d'entre eux partent à l'assaut du château, réputé imprenable, dans la nuit du 11 mars 1590. Commandés entre autres par le navigateur Michel Frotet de la Bardelière, membre de la Ligue catholique, ils escaladent la tour Générale et se rendent maîtres des lieux à l'issue d'une bataille acharnée, tandis qu'au cours de l'émeute le gouverneur est tué d'un coup d'arquebuse en pleine poitrine. Le lendemain à l'aube, les Malouins proclament leur indépendance tant qu'un catholique n'est pas couronné roi de France.

Aussi étonnant que cela puisse paraître, Saint-Malo devient alors une République dirigée par un Sénat que préside Picot de la Gicquelais. Durant quatre années, la cité se gouverne seule à l'instar d'un micro-État, nouant même des relations diplomatiques avec plusieurs puissances européennes. Henri IV, qui s'est converti au catholicisme, est sacré à Chartres le 27 février 1594, et fait une entrée triomphale dans Paris le 22 mars. Pour obtenir le retour de Saint-Malo dans le royaume, le roi accepte de maintenir les franchises et libertés de commerce acquises lors de l'indépendance et offre l'impunité aux responsables des événements de 1590. Quatre ans plus tard, la ville rentre finalement dans le giron français et un gouverneur fait son retour au château. Cet épisode laissera de profondes traces dans la culture de Saint-Malo et contribuera à forger l'esprit d'indépendance de ses habitants dont la devise demeure : « Ni Français, ni Breton, Malouin suis. »

31.

Pourquoi Henri IV a-t-il fait construire le pont de Neuilly ?

Le pont de Neuilly fait partie de l'axe historique de Paris, aussi appelé Voie royale, qui traverse l'ouest de la capitale et relie le palais du Louvre au quartier actuel de La Défense. L'ouvrage d'art qui enjambe à ce niveau la Seine est long de 154 mètres, porté par deux arches métalliques, et il est aujourd'hui emprunté par la Ligne 1 du métro ainsi que par la Route nationale 13 pour un trafic journalier de 160 000 véhicules. Autant dire qu'il est tout simplement indispensable au bon fonctionnement de la capitale ! Or, ce célèbre pont doit sa naissance à un accident qui faillit coûter la vie à Henri IV et à Marie de Médicis. En voilà l'insolite histoire.

Neuilly-sur-Seine est à l'origine un simple gué, au cœur de la vaste forêt de Rouvray, dans l'alignement d'une voie romaine reliant Montmartre au Mont Valérien. Au VIIIe siècle, le roi Chilpéric II en fait don à l'abbaye de Saint-Denis. Puis, en 1140, l'abbé Suger y fait installer un bac, dont le droit de péage est versé à l'abbaye. Un petit hameau de pêcheurs se forme alors autour du passage, qui prend le nom au XIVe siècle de Nully, puis Neuilly. À partir de François Ier, le château de Saint-Germain-en-Laye devient la résidence favorite des rois de France. Et pour s'y rendre, les souverains n'ont d'autre solution que de traverser la Seine au bac de Neuilly.

En ce jour du 9 juin 1606, alors qu'ils reviennent de Saint-Germain, Henri IV et Marie de Médicis empruntent le bac comme à l'accoutumée. Mais une fois à bord, les chevaux, pris de panique, font précipiter le carrosse dans la Seine. Malheur ! Le roi et la reine manquent de se noyer. Choqué, Henri IV ordonne donc à Sully de faire construire un pont de bois. Mais celui-ci ne sera achevé qu'en 1611, un an après la mort du roi. Malheureusement, ses seize arches sont trop étroites et freinent la circulation sur la Seine. Trop fragile, l'édifice est finalement emporté par une crue en 1638.

Si un nouveau pont est reconstruit l'année suivante, il perd de son utilité, après le départ de la cour à Versailles en 1682. Il faut attendre la seconde moitié du XVIIIe siècle et l'installation d'une garnison de gardes suisses à Courbevoie pour qu'il retrouve son importance. De courte durée car, en 1768, le pont de bois s'effondre à nouveau. Un colonel suisse s'en plaint à Daniel-Charles Trudaine, fondateur de l'École nationale des ponts et chaussées, et l'ingénieur Jean-Rodolphe Perronet est chargé de concevoir un nouvel ouvrage. Ce dernier imagine enfin un pont de pierre à tablier plat, constitué de cinq arches en forme d'anse de panier, long de 240 mètres et construit dans l'alignement de l'avenue des Champs-Élysées, créant ainsi un axe entre la place de la Concorde et la butte de Chantecoq (futur quartier de La Défense).

Le 16 septembre 1772, le pont est officiellement inauguré en présence de Louis XV et d'une foule colossale. Véritable prouesse technique, il confère à son créateur, Perronet, une immense notoriété. Une statue de l'ingénieur se dresse aujourd'hui encore au pied de l'ouvrage, sur la pointe de l'île de Puteaux. Mais l'Histoire n'a pas dit son dernier mot puisqu'au début du XXe siècle, l'essor de l'automobile le rend inadapté à ce nouveau trafic. Entièrement reconstruit entre 1935 et 1942, il sera élargi en 1992 pour le passage du métro !

32.
Pourquoi Henri IV a-t-il failli déclencher une guerre par amour ?

Henri IV, à qui l'on reconnaît pas moins de 73 maîtresses, se montra aussi entreprenant dans la conquête des femmes que sur les champs de bataille. Parmi elles, un amour de jeunesse, Fleurette de Nérac, fille de jardinier, et sa grande passion, Gabrielle d'Estrées, pour laquelle le Vert-Galant tenta de faire annuler son mariage avec Marguerite de Valois avant qu'elle ne trouve la mort. Mais il a surtout connu un ultime amour avec Charlotte de Montmorency : pour elle, le roi de France a failli entraîner la France et l'Europe entière dans un terrible conflit !

Le 16 janvier 1609, Henri IV surprend la répétition d'un ballet préparé en l'honneur de la reine. Parmi les danseuses, il repère une belle adolescente qui n'a pas encore 15 ans : Charlotte de Montmorency. La fille du connétable Henri de Montmorency est promise au maréchal de Bassompierre. Le roi fait aussitôt rompre les fiançailles et se met en quête d'un mari de complaisance. Son choix se porte sur son neveu, Henri II de Bourbon, prince de Condé, qui préfère d'ailleurs les hommes. Henri, contre une pension plus élevée, accepte de se marier dans l'année. Henri IV poursuit son dessein et, malgré ses 56 ans et ses manières quelque peu rustres, parvient à séduire la jeune Charlotte.

Contre toute attente, les sollicitations pressantes déplaisent au prince de Condé, devenu subitement jaloux. Refusant le rôle du cocu, il quitte la cour avec sa jeune épouse pour s'installer à Soissons. Henri IV use alors de tous les subterfuges : il va même jusqu'à se déguiser et escalader le mur du jardin ! Le ton monte entre l'oncle et le neveu. En novembre 1609, Condé envoie Charlotte à Bruxelles, dans les Pays-Bas espagnols, pour la placer sous la protection de l'archiduc Albert d'Autriche et de son épouse, l'infante Isabelle, fille de Philippe II d'Espagne. Le roi de France est furieux. Il dépêche des émissaires pour conclure un arrangement amiable avec l'archiduc, mais les négociations échouent.

Prêt à tout pour récupérer Charlotte, Henri IV missionne finalement des hommes de main pour la libérer. L'opération commando menée par François-Annibal d'Estrées, frère de Gabrielle d'Estrées, est éventée par les Espagnols, alertés par Marie de Médicis. Le roi n'a dès lors qu'une ultime solution : déclarer la guerre aux Habsbourg pour occuper Bruxelles. Un prétexte est vite trouvé. Quelques mois plus tôt, le duc de Clèves est mort sans héritier. Situé non loin de la frontière française, son duché est réclamé par le comte Palatin et l'Électeur de Brandebourg, mais également convoité par l'empereur Rodolphe II, qui dépêche des troupes sur place. Le roi de France prend aussitôt parti pour les deux princes protestants contre l'empereur. Le 25 avril 1610, il signe un traité d'alliance avec Charles Ier de Savoie et autorise une intervention militaire aux Pays-Bas espagnols. Seul son assassinat, le 14 mai 1610, empêchera la guerre d'être déclarée.

33.

Pourquoi un serviteur de Louis XIII a-t-il été décapité par un autre condamné à mort ?

Pour s'être battu en duel en dépit de l'interdiction de Louis XIII, le comte de Montmorency fut condamné à mort en 1627. Au moment de l'exécuter, le bourreau chargé de le décapiter lui avoua : « Tenez-vous bien, monsieur le comte, c'est la première fois que cela m'arrive. » Ce à quoi le condamné répondit : « Imbécile ! Crois-tu que c'est la seconde fois que cela m'arrive, à moi ? » Montmorency aurait pourtant dut s'estimer heureux d'avoir affaire à un véritable bourreau. En effet, une année avant lui, le comte de Chalais, lui aussi condamné à mort, avait été décapité par… un autre condamné, gracié pour l'occasion !

Nous sommes en 1626 et Louis XIII n'a toujours pas d'enfant. L'héritier au trône est donc son frère cadet, Gaston d'Orléans, âgé de 17 ans. Afin d'empêcher ce dernier de se rapprocher d'une puissance étrangère, le roi et son célèbre ministre Richelieu décident de le marier à une princesse française. Leur choix se porte sur la duchesse de Montpensier, descendante de Saint Louis, et aussi l'une des plus grandes fortunes du royaume. Influencé par son précepteur, le maréchal d'Ornano, ainsi que par sa belle-sœur Anne d'Autriche, Gaston refuse ce mariage.

Le jeune homme est soutenu à la cour par de nombreux opposants de Richelieu, qui critiquent sa politique centralisatrice.

Des soutiens et pas des moindres : le prince de Condé, la princesse de Conti, les demi-frères de Louis XIII, César et Alexandre de Vendôme, ainsi que la duchesse de Chevreuse, ennemie du cardinal et redoutable conspiratrice. Leur véritable dessein est de se débarrasser de Richelieu et de remplacer Louis XIII par Gaston. À dessein, la duchesse de Chevreuse séduit le comte de Chalais, maître de la garde-robe du roi. Trois ans plus tôt, condamné à mort pour avoir tué un homme en duel, Chalais a été gracié après que Gaston fut intervenu. La duchesse le persuade d'assassiner Richelieu. Chalais, qui entre dans la conjuration, se confie alors à son oncle, le commandeur de l'ordre de Malte, qui s'empresse d'en aviser le roi.

La conspiration est mise à jour ! Gaston d'Orléans confesse tout de suite sa responsabilité et dénonce sur-le-champ ses complices. Aussitôt, la plupart des intrigants sont arrêtés, dont Chalais. Seul conjuré à n'être pas de sang royal, il sert de bouc-émissaire. Après des aveux complets, il est condamné pour crime de lèse-majesté à la peine de mort. Comme le veut la tradition, le jeune aristocrate de 27 ans sera décapité. Émus par son sort, ses complices réussissent à dissuader le bourreau. Hélas, le bourreau est remplacé par un condamné à mort qui, en échange de sa grâce, exécutera le jeune Chalais. L'homme, un cordonnier inexpérimenté, n'est équipé que d'une épée d'apparat et d'une doloire de tonnelier (hache à manche court). L'exécution qui se déroule à Nantes le 26 août 1626 vire au massacre. Le bourreau de fortune doit s'y prendre à vingt-neuf reprises pour achever le malheureux. On raconte qu'au vingtième coup de hache, Chalais criait encore… Le comte laissa son nom à « la conspiration de Chalais », première d'une longue série contre Richelieu.

34.

Pourquoi le port de la cravate s'est-il répandu sous Louis XIII ?

Plusieurs accessoires vestimentaires portent un nom inspiré de la géographie. La cité de Sparte, grande rivale d'Athènes, a ainsi donné son nom à des sandales, les célèbres spartiates. Popularisé au XIXe siècle, le panama, petit chapeau estival, souple et léger, fut baptisé en référence au pays d'Amérique centrale où il était confectionné. Quant au bermuda, il tire son nom des Bermudes, ces îles britanniques situées au nord-est des Bahamas où naquit la mode des shorts longs dans les années 1950. L'histoire la plus étonnante demeure celle de la cravate, dont la mode a été répandue par les cavaliers croates de Louis XIII.

L'histoire de la cravate est directement liée à la guerre de Trente Ans, conflit qui opposa catholiques et protestants, ravageant l'Europe entre 1618 et 1648. Alors que les Habsbourg sont sur le point d'obtenir la paix, la France craint de voir se reconstituer l'empire de Charles Quint et s'allie aux puissances protestantes. Louis XIII et Richelieu recrutent alors une troupe de mercenaires croates. Pour récompenser ces cavaliers d'élite, le roi convie en France les plus méritants d'entre eux. À la cour, les élégants morceaux de tissus noués autour de leur cou pour les protéger du froid au cours des combats font sensation. Baptisés « cravates », par déformation du mot « croate », ces foulards sont arborés par certains courtisans, qui les nouent à la manière d'un fichu. En 1643, à la suite de la bataille de Rocroi, un régiment de cavalerie croate est créé. Il prendra même le nom en 1667 de régiment Royal-Cravates.

Mais c'est sous le règne de Louis XIV que naît véritablement cette mode qui éclipse le jabot. Portant des cravates en dentelle dès son plus jeune âge, le Roi-Soleil crée la fonction de « cravatier », rattachée à celle de grands maîtres de la garde-robe. Plus pratique que le col rigide, la cravate est adoptée par les soldats sur les champs de bataille. En 1692, pendant la Ligue d'Augsbourg, les Français affrontent à Steinkerque, en Belgique, les Hollandais et les Anglais commandés par Guillaume d'Orange. Attaqués par surprise, les soldats français sont contraints de nouer à la hâte leur foulard de dentelle : ils font un nœud simple et plient le tissu afin de former une bande, dont ils passent l'un des pans dans leur boutonnière. Et c'est ainsi qu'au XVIIIe siècle, ce modèle de cravate sera appelée la « steinkerque ».

Si, pendant la Révolution, la cravate sert à afficher ses convictions politiques, elle deviendra surtout populaire au XIXe, notamment grâce au dandy anglais George Brummell, qui lancera la mode de la cravate noire. Quant à celle que nous connaissons aujourd'hui, sa forme particulière est l'œuvre du new-yorkais Jesse Langsdorf, qui en 1924 coupa l'étoffe selon un angle de 45 degrés et mit au point un modèle en trois parties. Enfin, le 18 octobre 2008 fut instaurée la première journée internationale de la cravate. On ne sera pas surpris d'apprendre que le pays à l'origine de cette initiative n'est autre que la Croatie. Un juste retour des choses.

35.

Pourquoi la naissance de Louis XIV a-t-elle fait du 15 août un jour férié ?

La naissance de Louis XIV ne manqua pas d'éveiller des soupçons. On a mis en doute la paternité du chaste et pieux Louis XIII, que l'on avait même soupçonné d'être impuissant. On a prétendu que Louis XIV était le fils du duc de Beaufort (petit-fils d'Henri IV et de Gabrielle d'Estrées), de Mazarin (en Italie lors de sa conception) ou même de Richelieu (que la reine détestait). Si en 2013 une étude d'ADN prouva que Louis XIV descendait bien d'Henri IV, elle ne permit pas de démontrer que Louis XIII était son père. Une chose est certaine : sa naissance a bel et bien donné au calendrier un jour férié.

Le 28 novembre 1615 à Bordeaux, Louis XIII épouse Anne d'Autriche, fille du roi d'Espagne Philippe III. La reine mère Marie de Médicis a conçu cette union afin de renforcer les liens entre les deux principales puissances catholiques pour contrer le protestantisme. Les époux ont à peine 14 ans chacun et leur nuit de noces est catastrophique. Traumatisé, le roi en conservera un désintérêt pour son épouse, ne parvenant à consommer le mariage que bien des années plus tard. Et, à l'inverse de son père, Louis XIII ne sera jamais porté sur les femmes. Son affection pour ses deux favorites, Marie de Hautefort et Louise de La Fayette, demeurera platonique.

Si le roi finit par satisfaire au devoir conjugal, une série de fausses couches le détourne totalement de la reine à partir de 1625, malgré les injonctions de ses proches le pressant de produire un héritier. Les relations conjugales se dégradent encore lors de l'implication de la France dans la guerre de Trente Ans. Suspectée par son mari d'espionnage en faveur de l'Espagne, la reine est placée sous surveillance. Louis XIII est d'autant plus inquiet qu'Anne d'Autriche approche de la quarantaine : s'il vient à mourir sans laisser de fils, la couronne passera à son frère, l'intriguant Gaston d'Orléans.

Le 5 décembre 1637, de passage à Paris, Louis XIII s'arrête au couvent des filles de Sainte-Marie, rue Saint-Antoine, afin de rendre visite à Louise de La Fayette, entrée récemment en religion après avoir refusé de devenir l'espionne de Richelieu. Après un entretien au parloir, le monarque s'apprête à quitter le couvent lorsqu'un violent orage éclate. Sur les conseils de son capitaine des gardes, le comte de Guitaut, Louis XIII accepte de passer la nuit au Louvre. Après avoir soupé avec la reine, le roi la rejoint. Ses conseillers transmettent discrètement aux couvents de la capitale l'ordre de prier toute la nuit pour un rapprochement fécond.

Le mois suivant, tombe l'immense nouvelle : la reine est enceinte. Pour remercier la Vierge de cette grossesse miraculeuse, Louis XIII décide le 10 février 1638 de consacrer la France à la Vierge Marie et instaure les processions du 15 août et des prières collectives pour les succès du roi. La fête de l'Assomption sera ainsi fériée et chômée. Neuf mois après cet opportun orage, naît à Saint-Germain l'héritier tant espéré, baptisé « Louis Dieudonné ».

36.

Pourquoi, à 22 ans, Blaise Pascal a-t-il inventé la première calculatrice ?

En philosophie comme en sciences, l'œuvre de Blaise Pascal est extrêmement prolifique. Son génie était précoce : il rédigea son *Traité des sons des corps vibrants* et étudia la géométrie d'Euclide à l'âge de 11 ans. Il démontra l'existence du vide et de la pesanteur et jeta les bases d'une nouvelle discipline mathématique, celle des probabilités. Il fut aussi à l'origine d'inventions plus pratiques, dont la toute première machine à calculer, trois siècles avant les calculatrices électroniques.

En 1640, Étienne Pascal, le père de Blaise, est nommé commissaire du roi pour la levée des tailles (impôts) à Rouen. Pour remettre en ordre les recettes fiscales de la Normandie, il se livre à de fastidieux calculs comptables, d'autant plus compliqués que le système monétaire n'est pas décimal (une livre contenait vingt sols et un sol douze deniers). Les seuls instruments de calcul sont les *abaques*, dont la forme la plus connue est le boulier. Pour faciliter le travail de son père, Blaise a l'idée de concevoir une machine capable de calculer mécaniquement le résultat des opérations. Après trois ans de recherche et une cinquantaine de prototypes, le jeune homme présente en 1645 son invention qu'il baptise « machine arithmétique » et dédie au chancelier Séguier.

Formée de roues à dents équipées de sautoirs permettant d'intégrer le système des retenues, elle automatise les additions et les soustractions !

Devenu célèbre grâce à son invention, Blaise Pascal se voit accorder en 1649 un privilège royal pour la commercialisation de machines à calculer en France. En dix ans, le savant construit une vingtaine de ces machines, surnommées « pascalines » (dont huit ont été conservées), les perfectionnant au fur et à mesure. Il en produira de trois types : les scientifiques (pour les unités décimales), les comptables (pour les conversions en livres, sols et deniers) et les géomètres (pour les conversions en toises, pieds, pouces et lignes). Mais en raison de son coût onéreux, de ses dimensions imposantes et de sa fragilité, la pascaline sera un échec commercial.

Aussitôt, Pascal cherche à en réduire le coût. C'est alors qu'en 1654, son carrosse manque de tomber du pont de Neuilly (comme Henri IV un demi-siècle plus tôt[1]). Terrifié par l'accident, le savant est victime d'un malaise et reste inconscient durant deux semaines. Lorsqu'il revient à lui, dans la nuit du 23 novembre, il aurait éprouvé une expérience mystique le conduisant à renoncer à la science pour se consacrer à la théologie et à la philosophie. Il a alors 31 ans.

Son invention n'en restera pas là. Le Français Thomas de Colmar s'inspirera de la pascaline pour inventer l'arithmomètre, qui deviendra en 1851 la toute première machine à calculer à être commercialisée.

---

1. Voir *Pourquoi n° 27.*

37.

Pourquoi l'île franco-hollandaise de Saint-Martin doit-elle sa fortune à une course à pied ?

Les éléments naturels servent souvent à délimiter les frontières entre les États. Pensons par exemple aux cours d'eau (comme le Rhin entre la France et l'Allemagne) ou aux montagnes (comme les Pyrénées entre la France et l'Espagne). Toutefois, il arrive aussi qu'elles soient tout simplement tracées à la règle, comme ce fut le cas dans le Sahara ou même aux États-Unis (dont la frontière avec le Canada suit le 49e parallèle). Mais le cas le plus singulier reste celui de l'île de Saint-Martin et de la délimitation des zones française et hollandaise.

Lorsque l'on cite les pays ayant une frontière commune avec la France, il n'est pas rare d'omettre le Brésil et le Suriname (voisins de la Guyane française), ainsi que les Pays-Bas avec lesquels nous partageons l'île de Saint-Martin. Située à 240 km au nord-ouest de la Guadeloupe, cette île des Antilles d'une superficie de 88 km^2 est le plus petit territoire autonome du monde partagé par deux États. Elle fut baptisée ainsi par Christophe Colomb, qui la découvrit lors de son deuxième voyage, le 11 novembre 1493, jour de la saint Martin. En 1624, des Français s'installent sur la côte est de l'île pour y planter du tabac. Quelques années plus tard, les Hollandais, désirant exploiter les gisements naturels de sel, implantent eux aussi une petite garnison au sud de Saint-Martin, à l'emplacement de l'actuelle capitale Philipsburg. En 1638, les Espagnols prennent possession du fort hollandais et s'établissent à leur tour. Mais ils abandonnent l'île dix ans plus tard, la jugeant trop petite. Sitôt les Espagnols partis, la poignée de Français et de Hollandais demeurés à Saint-Martin conviennent d'un partage de l'île.

Selon la légende, une course à pied est organisée pour fixer la frontière entre les deux zones. Son issue sera déterminante pour le tracé de la future limite. Quant à ses modalités, elles sont uniques en leur genre ! Les deux coureurs se placent dos à dos en un point situé sur le rivage. Lorsque le départ est donné, chacun s'élance dans une direction opposée, en suivant la côte. Leur point de rencontre, relié au point de départ, délimitera la frontière. Mais voilà, le coureur français est plus rapide et parcourt les 3/5e de l'île contre 2/5e pour son adversaire. Mauvais joueurs, les Hollandais auraient même accusé le Français d'avoir pris des raccourcis… Toutefois, le 23 mars 1648, est signée la convention de Concordia (aussi appelée traité du Mont des Accords) qui officialise le partage de l'île : au nord, la zone française et, au sud, la zone hollandaise.

Toujours en vigueur, cette convention reconnaît à la fois la double nationalité de l'île et son unité : aucune frontière n'est matérialisée entre les deux zones et la circulation des biens et des personnes est totalement libre. Cela vaudra d'ailleurs à Saint-Martin le surnom de *Friendly Island* (l'île amicale). Aujourd'hui, la partie française de Saint-Martin (54 km^{2}) est une collectivité d'outre-mer, tandis que la partie hollandaise, Sint-Maarten (34 km^{2}), fait partie des Antilles néerlandaises et dispose du statut de pays autonome rattaché au royaume des Pays-Bas.

38.

Pourquoi, en 1660, la ville de Llivia est-elle devenue une enclave espagnole en territoire français ?

En géographie, une « enclave » est un morceau de terre séparé, par un ou plusieurs pays, du territoire principal auquel il appartient. Cette discontinuité étonnante n'est pas sans poser certains problèmes et, aujourd'hui encore, plusieurs enclaves sont sources de tensions internationales, comme à Ceuta et Melilla, possessions espagnoles au Maroc. En France, la plus grande bizarrerie territoriale concerne la petite ville de Llivia qui, bien que située dans le département des Pyrénées-Orientales, est espagnole depuis 1660.

Peuplée d'un peu plus de 1 000 âmes, perchée à 1 223 mètres d'altitude et située à 100 km à l'ouest de Perpignan, Llivia fut selon la légende bâtie par Héraclès, qui voulait s'y reposer après avoir volé les taureaux de Géryon. Le demi-dieu grec figure d'ailleurs sur les armoiries de la ville. Déjà habité en 3 000 avant J.-C., le site est colonisé par les Romains après la deuxième guerre punique. Ses habitants se voient offrir à cette occasion un privilège rare : la citoyenneté romaine. Quant à son nom, la ville le doit sans doute à la femme de l'empereur Auguste, Livie. Capitale de la Cerdagne, une région située à cheval entre la France et l'Espagne, Llivia doit faire face au Moyen Âge à une série d'invasions : Wisigoths, Arabes, Francs, Aragonais ou Catalans. Convoitée pour sa position stratégique et son château, elle est âprement disputée au XVe siècle entre la France et l'Aragon, changeant régulièrement de nationalité au gré des rapports de force.

Puis l'empereur Charles Quint accorde à Llivia, en 1528, le statut de ville, ce qui aura une importance capitale par la suite. En 1659, après vingt-quatre années de guerre, les deux voisins signent enfin la paix par le traité des Pyrénées. L'Espagne cède à la France plusieurs places fortes en Flandre et en Lorraine, ainsi que l'Artois et le Roussillon. L'article 42 prévoit quant à lui que les villages de l'est du comté de Cerdagne reviennent à la France. Le nouveau tracé de la frontière, ainsi que la liste des trente-trois villages cédés à la France, sont fixés par des émissaires des deux royaumes le 12 novembre 1660, lors de la convention de Llivia.

Mais l'histoire ne s'arrête pas là ! Lorsqu'il en prend connaissance, Mazarin s'étonne de ne pas voir figurer dans la liste le nom de Llivia. L'ambassadeur espagnol lui rappelle alors que celle-ci dispose du statut de ville et non de village : elle n'est donc pas concernée par le traité des Pyrénées. Et en conséquence, la localité doit demeurer espagnole. Séparée de la frontière par 4 km, elle devient une enclave en territoire français, situation inédite confirmée par le traité de Bayonne de 1866. Jusqu'à la récente ouverture des frontières dans le cadre de l'espace Schengen, elle était uniquement reliée à l'Espagne par une « route neutre » (sans contrôle douanier) réservée aux Espagnols.

39.

Pourquoi un mathématicien a-t-il donné son nom au mot « barème » ?

Connu dans le monde de l'enseignement pour fixer les éléments de notation d'une épreuve, le barème est également utilisé dans de nombreux domaines pour définir un répertoire ou une table des valeurs. On parle ainsi de barème des salaires, des prix ou des intérêts. Désignant à l'origine un recueil de calculs numériques, ce mot est aujourd'hui tellement répandu que nous en avons oublié d'où il vient ! Mais pourquoi un éminent mathématicien ayant vécu sous Louis XIV et qui fonda la comptabilité moderne lui a-t-il légué son nom ?

François Barrême naît à Tarascon la même année que Louis XIV, en 1638. Durant sa jeunesse, il est négociant sur les places financières d'Italie, expérimentant et affinant ainsi ses méthodes de comptage. Il s'installe ensuite à Paris, où il enseigne l'arithmétique commerciale. C'est alors qu'il est remarqué par Colbert, contrôleur général des finances de Louis XIV. Barrême devient son protégé et se retrouve expert à la Chambre des comptes de Paris (future Cour des comptes). Plus encore, il obtient aussi la charge d'arithméticien ordinaire du Roi.

Barrême fait de la comptabilité une science à part entière et publie plusieurs ouvrages présentant des tables mathématiques qui permettent aux commerçants et artisans de ne plus avoir à effectuer de fastidieux calculs dans le domaine monétaire. C'est ainsi que paraît en 1669 *Les Comptes faits du grand commerce*, suivi deux ans plus tard du *Livre nécessaire pour les comptables, avocats, notaires, procureurs, négociants, et généralement à toute sorte de conditions*. Les tables publiées dans ce recueil simplifient à tel point les calculs qu'elles deviennent indispensables à tous les négociants pour dresser leurs comptes, convertir les monnaies et calculer les impôts.

Barrême écrit aussi *La Géométrie servant à l'arpentage, ouvrage si facile et si commode que par la seule addition on peut mesurer toute sorte de terres, bois et bâtiments* (1673), *Le Grand Banquier, ou le Livre des monnaies étrangères réduites en monnaies de France* (1696) ainsi que *Le Livre facile pour apprendre l'arithmétique soi-même et sans maître*. Après sa mort en 1703, ses précieuses tables de calcul continuent à être publiées sous le nom de *Barême universel*. Dès lors, ce nom servira à désigner les tableaux numériques donnant le résultat de certains calculs. Nos futurs barèmes sont nés !

Malheureusement, on ignore la raison exacte de la modification orthographique, entre le nom commun et celui du mathématicien (qui prend deux « r » et un accent différent). Pour finir, notons simplement que Barrême n'est pas le seul scientifique français à avoir laissé son nom à une invention. Parmi les plus connus, pensons à André-Marie Ampère pour l'unité de mesure de l'intensité d'un courant électrique, Henri Becquerel pour celle de l'activité d'un radionucléide, et Blaise Pascal pour celle de la pression. Sans oublier bien sûr Louis Pasteur et son procédé de « pasteurisation ».

40.

Pourquoi la guérison de Louis XIV fut-elle fatale à Lully ?

En janvier 1686, l'état de santé de Louis XIV se détériore brusquement du fait d'une terrible fistule anale consécutive à un abcès provoqué, semble-t-il, par la plume saillant d'un des coussins du carrosse royal. Neuf mois plus tard, une opération chirurgicale soulage enfin le Roi-Soleil. Tout le royaume célèbre alors en grande pompe la guérison de son souverain. Dans le même temps, c'est à cette occasion que le compositeur Lully est victime d'un accident qui paraît bien banal. Mais les apparences sont parfois trompeuses.

Fils de meunier, Jean-Baptiste Lully (Giovanni Battista Lulli) naît à Florence en 1632. À 13 ans, il est remarqué par le chevalier Roger de Lorraine, qui le ramène avec lui en France, chez sa nièce la duchesse de Montpensier, la célèbre Grande Mademoiselle. Désirant apprendre l'italien, celle-ci l'engage comme garçon de cuisine. Mais l'adolescent se montre doué pour les arts : excellent danseur, il apprend aussi à jouer du violon et du clavecin, initié à la théorie musicale par le compositeur Nicolas Métru. En l'honneur de sa protectrice, Lulli crée la « Compagnie des violons de Mademoiselle », un orchestre qui le propulse sur le devant de la scène et qui détrône rapidement les « Vingt-quatre violons du roi ».

Après la disgrâce de la Grande Mademoiselle (suite à son rôle durant la Fronde), Lulli est engagé par Louis XIV en personne dans son orchestre. En 1661, il obtient ses lettres de naturalisation et se voit nommé par le roi surintendant de la musique royale. Son nom est alors francisé en Lully. S'associant avec Molière, il crée le 17 août 1661, lors des magnifiques festivités organisées à Vaux-le-Vicomte par Nicolas Fouquet, la première comédie-ballet de l'Histoire : *Les Fâcheux*. Les « deux Baptistes », comme on surnomme le comédien et le musicien, créeront au total onze œuvres de ce genre, dont la plus célèbre reste sans doute *Le Bourgeois gentilhomme*, avant de se brouiller en 1671.

Habile courtisan, Lully prend en 1672 les rênes de l'Académie royale de musique, ce qui lui assure un monopole en la matière auprès de la cour. L'année suivante, il compose sa première tragédie lyrique, *Cadmus et Hermione*, sur un livret de Philippe Quinault. Avec ce dernier, il produira une tragédie lyrique par an, éclipsant peu à peu tous les autres compositeurs du royaume. Véritable créateur de l'opéra français, Lully atteint son apogée en 1681 en obtenant la remarquable charge de secrétaire du roi. Mais voilà, en janvier 1687, au cours de la répétition d'un *Te Deum* pour célébrer la guérison du Roi-Soleil, Lully s'emporte contre ses musiciens. Dans sa colère – et là réside tout le comble de l'histoire – il se blesse violemment le pied avec son bâton de direction, une longue et lourde canne surmontée d'un pommeau, qu'on frappe au sol et qui sert à battre la mesure. Son pied s'infecte à tel point que seule l'amputation serait salvatrice. Mais Lully, parce qu'il est danseur, refuse une telle mutilation. La gangrène se propage alors au reste du corps et le malheureux s'éteint deux mois plus tard, le 22 mars 1687, à l'âge de 54 ans… Notons pour finir qu'en 1729, le comédien Michel Baron, ami intime de Molière, meurt de la même manière, après un fatal coup d'épée dans son pied lors d'une représentation du *Cid*.

41.

Pourquoi l'histoire de Robinson Crusoé a-t-elle été inspirée par un marin écossais ?

Le thème du rescapé qui se retrouve seul à tenter de survivre sur une île déserte dans un univers hostile a inspiré une multitude de livres, films, séries télévisées et même des programmes de téléréalité. Parmi les romans, retenons notamment *Vendredi ou les Limbes du Pacifique* de Michel Tournier, *L'Île mystérieuse* de Jules Verne et, bien sûr, le célèbre *Robinson Crusoé* de Daniel Defoe. Publié en 1719, ce roman écrit à la première personne narre l'histoire d'un jeune Anglais naufragé qui, au milieu du XVIIe siècle, passera vingt-huit ans sur une île à l'embouchure de l'Orénoque (actuel Venezuela). Mais au-delà de l'imagination, il s'agit bien d'une aventure inspirée d'un fait réel…

Alexandre Selkirk naît en 1676 en Écosse. Ce fils de tanneur manifeste très tôt un caractère insoumis. À 19 ans, cité à comparaître pour tenue indécente dans une église, il n'hésite pas à prendre la fuite et s'engage comme marin. En 1703, il rejoint un navire corsaire dans une campagne lancée contre les colonies espagnoles de l'ouest du continent américain. En octobre 1704, son navire fait escale dans l'archipel Juan Fernandez, situé en plein océan Pacifique à plus de 600 km des côtes chiliennes, pour s'approvisionner en bois et en eau. En qualité de second, l'Écossais profite de cette étape pour demander à ce que le bateau, gravement endommagé, soit réparé avant de reprendre la route de l'Europe. Mais, aussi nécessaire soit-elle, le capitaine s'oppose à la remise en état du navire. Selkirk refuse alors d'embarquer à nouveau et décide de rester sur l'une des îles, convaincu qu'un navire lui viendra en aide.

Aucun de ses compagnons n'ayant accepté de le suivre, Selkirk se retrouve seul sur cette île déserte. Et si ce choix peut sembler hâtif et audacieux, il se révélera être le bon, puisque le bateau l'ayant ainsi débarqué coulera peu après aux larges des côtes péruviennes, sans laisser de survivant. L'Écossais ne dispose toutefois que d'un équipement limité : un mousquet, de la poudre à canon, un couteau, plusieurs outils, de la corde et quelques vêtements. Les premiers jours, il reste sur le rivage, à manger des crustacés. Mais des hordes de lions de mer rassemblés pour la saison des amours le contraignent à explorer le centre de l'île. Selkirk y construit deux cabanes, se nourrissant de navets, de choux et de chèvres sauvages. Pour s'occuper, il lit la Bible à haute voix. Chaque jour, il scrute l'océan avec l'espoir d'y apercevoir enfin un navire.

Au bout de deux ans, un bateau le repère. Hélas, son équipage est espagnol et Selkirk doit se cacher, pour ne pas finir pendu comme pirate. Finalement, après quatre ans et demi passés sur l'île, il est recueilli le 2 février 1709 par le corsaire anglais Woodes Rogers, et Selkirk fournit de nombreuses chèvres à l'équipage atteint du scorbut. Sauvé, il reprend alors les raids sur les côtes chiliennes et péruviennes, se voyant même attribuer le commandement d'un navire. À son retour en Angleterre en 1711, le marin raconte son histoire au journaliste Richard Steele, qui la reproduit dans *The Englishman* du 3 décembre 1713. Daniel Defoe s'en inspire quelques années plus tard pour écrire son *Robinson Crusoé*. Devenu une célébrité locale, Selkirk peine cependant à se réadapter à la vie normale après des années d'isolement. En 1721, il reprend le large à bord d'un navire négrier et meurt peu après au large des côtes africaines… En 1966, une île chilienne de l'archipel Juan Fernandez sera rebaptisée *Alejandro Selkirk*.

42.

Pourquoi le peintre Roger de Piles a-t-il inventé la notation sur 20 ?

Notre système de notation, appliqué dans l'enseignement de l'école primaire jusqu'à l'université, est pratiquement unique au monde. En Russie, on note sur 5 ; en Allemagne sur 6 ; en Espagne ou aux Pays-Bas sur 10 ; en Belgique et au Japon sur 100. Quant aux Américains et aux Canadiens, ils emploient des lettres, de A à F. Instaurée en France en 1890 dans l'enseignement secondaire, la note sur 20 fut en réalité créée deux siècles plus tôt par un peintre et théoricien de l'art. Pourquoi s'inspirer, pour une règle aussi conformiste, des travaux d'un artiste ?

Roger de Piles naît en 1635. Élève brillant, il étudie la philosophie et la théologie avant d'être initié à la peinture par Claude François, dit Frère Luc. Spécialisé dans le portrait, ses œuvres ont presque toutes disparu. Quant à ses écrits sur l'art, ils lui valent rapidement une certaine renommée. En 1662, il est choisi par Charles Amelot, président du Grand Conseil, comme précepteur pour son fils, Michel-Jean. Artiste engagé, Roger de Piles prend part à la querelle esthétique qui divise les artistes français dans les années 1670, opposant les partisans du dessin à ceux du coloris. Grand défenseur de Rubens, il soutient que la couleur, la lumière et l'ombre ont la même valeur que le dessin et invente la fameuse expression « clair-obscur », encore utilisée de nos jours.

Devenu secrétaire du diplomate Michel-Jean Amelot, il l'accompagne lors de ses déplacements en Italie, en Allemagne, au Portugal et en Suède. C'est ainsi que Roger de Piles est envoyé en Hollande en 1693, pendant la guerre de la Ligue d'Augsbourg. Arrêté à La Haye, il est incarcéré pendant cinq ans. Durant cette détention, il rédige un *Abrégé de la vie des peintres*, ouvrage consacré à la vie de nombreux artistes et à l'analyse de leur œuvre. De retour en France, Piles est admis à l'Académie royale de peinture et de sculpture en qualité de conseiller honoraire. Son érudition lui vaut ainsi d'être consulté pour juger de la qualité d'une œuvre. En 1708, il publie *Cours de peinture par principes*, livre essentiel qui contient les fondements de sa théorie de l'art et dans lequel apparaît son curieux système de notation.

C'est en effet dans son chapitre intitulé *La Balance des peintres* qu'il évalue cinquante-six des peintres les plus connus, sur une échelle de 0 à 20, en considérant quatre critères : composition, dessin, coloris et expression. Toutefois, aucune de ses notes ne dépasse 18. Car selon lui, le 19/20 correspond à l'œuvre idéale, tandis que la note ultime de 20/20 est inconcevable pour l'esprit humain. Les meilleures scores sont attribués à Raphaël (qui obtient respectivement pour chaque critère 17, 18, 12, 18) et à Rubens (18, 13, 17, 17). Viennent ensuite Poussin, Le Brun, Le Dominiquin, Rembrandt, Titien, Le Tintoret et Léonard de Vinci. Parmi les moins bien notés, on relève Bellini et Le Caravage, qui héritent tous deux d'un 0 en expression, tandis qu'Albrecht Dürer ne dépasse la moyenne dans aucune catégorie. À sa publication, cette *Balance des peintres* est saluée comme une façon intelligente et inédite d'évaluer le génie. Il faudra cependant attendre presque deux siècles pour que cette notation sur 20 soit utilisée dans l'enseignement, par la volonté du ministre de l'Instruction publique Léon Bourgeois.

43.

Pourquoi Voltaire doit-il sa fortune à une tricherie ?

Les jeux de hasard font tourner les roues et les têtes. En mai 2013, un Américain a remporté au loto le plus grand gain jamais gagné de l'Histoire : 590 millions de dollars ! En France, le gros lot est plus modeste et les chances de le remporter sont d'une sur… 19 millions ! Si tous les joueurs rêvent d'une martingale magique, Voltaire quant à lui profita d'une faille dans le système, qui lui permit de constituer sa fortune de départ…

Les loteries apparaissent dès l'Antiquité. Populaires à Rome, elles sont utilisées par les empereurs pour financer leurs grands travaux. Néron y a recours après le terrible incendie de sa capitale en 64. Mais au nom de la morale, le christianisme met fin à ce jeu d'argent, associé au paganisme. Il faut attendre la Renaissance pour que ce jeu de hasard fasse son retour en Europe, dans les cités marchandes flamandes ou italiennes. C'est donc à Florence qu'est créée la première loterie d'État, en 1530. Neuf ans plus tard, pour renflouer le trésor royal, François Ier l'introduit en France. Mais celle-ci est trop taxée et la « blanque », comme on l'appelle à l'époque, ne rencontre pas le succès escompté et tombe en désuétude. Le cardinal Mazarin relance les loteries pour financer les églises et les institutions religieuses en difficulté. Étrange tour de l'Histoire puisque nous voilà loin de la prégnance de la morale chrétienne de l'Antiquité ! À la fin du XVIIe siècle, celle de l'Hôtel de Ville est créée à Paris pour rembourser des emprunts contractés et entretenir les monuments. En octobre 1728, le contrôleur général des finances Michel-Robert Le Peletier des Forts institue une loterie royale afin de financer l'emprunt public.

Après deux années d'exil en Angleterre suite à une altercation avec le chevalier de Rohan-Chabot, Voltaire est autorisé à revenir en France à la condition qu'il demeure éloigné de la capitale. Il s'établit pour l'hiver à Dieppe sous une fausse identité et obtient en avril 1729 le droit de réintégrer enfin Paris. Mais le célèbre écrivain est en proie à des difficultés financières et cherche un moyen d'obtenir un capital qui assurerait son indépendance. C'est alors qu'il rencontre au cours d'un dîner le mathématicien Charles-Marie de La Condamine, qui lui confie un plan lucratif.

En effet, La Condamine a observé une sérieuse faille dans le système de loterie de Le Peletier des Forts. En fait, le prix total des billets a été mal calculé : il est inférieur au montant du gros lot (d'une valeur de 500 000 francs). En conséquence, il suffit de mettre la main sur tous les billets pour gagner à coup sûr. Grâce à la complicité de plusieurs intermédiaires, Voltaire et son comparse rachètent alors la totalité des billets, sans éveiller l'attention des organisateurs. Pendant près d'un an, les deux hommes vont ainsi gagner chaque mois la mise, au nez et à la barbe de tous. Finalement, Voltaire va lui-même mettre la puce à l'oreille du gouvernement en rédigeant des phrases moqueuses à l'égard des organisateurs au dos des billets.

En 1730, la supercherie est enfin découverte et Le Peletier des Forts tente de faire condamner Voltaire et ses complices. Cependant, si le tribunal juge la manœuvre peu scrupuleuse, il la considère comme légale. Aussi les autorise-t-il à conserver leurs gains. C'est le ministre en personne qui fera les frais de cette affaire, puisqu'il sera limogé et la loterie royale fermée. Quoi qu'il en soit, ces fonds judicieusement investis permettront à Voltaire de disposer d'une confortable fortune.

44.

Pourquoi un aventurier allemand est-il devenu roi de Corse ?

Avant de devenir française en 1769, la Corse resta tout au long de son histoire sous la tutelle d'une puissance étrangère. D'abord colonisée par les Grecs qui y fondèrent Aléria, l'île est successivement occupée par Carthage, Rome, la Papauté, Pise et enfin la République de Gênes, qui s'y maintient pendant cinq siècles. Contre toute attente, lorsqu'en 1735 la Corse proclame pour la première fois son indépendance et se constitue en royaume, ce n'est pas à un aristocrate insulaire qu'est confiée sa couronne, mais à un aventurier… allemand. Si celui-ci ne règne que sept mois, il demeure aujourd'hui encore le seul roi des Corses de l'histoire de l'île de Beauté !

Theodore von Neuhoff naît à Cologne en 1694. Déshérité par ses grands-parents parce que sa mère était roturière, il passe sa jeunesse entre la Westphalie et Metz. Son coup de chance est la nomination de sa sœur comme demoiselle de compagnie de la princesse Palatine, belle-sœur de Louis XIV. Lorsqu'elle s'installe à Versailles, Theodore en profite pour l'accompagner. Parlant déjà allemand et français, il y apprend l'anglais, l'italien et l'espagnol. Puis il s'engage dans l'armée comme sous-lieutenant de cavalerie et s'illustre durant la guerre de Succession d'Espagne. Polyglotte, il se met ensuite au service de plusieurs souverains pour des missions diplomatiques en Europe. En 1729 éclate en Corse une révolte fiscale contre le pouvoir génois. Elle aboutit le 30 janvier 1735 à la proclamation de l'indépendance de l'île et à l'adoption d'une Constitution écrite, la première de l'Histoire moderne, introduisant les notions de souveraineté du peuple et de séparation des pouvoirs.

Il ne reste plus qu'à désigner un monarque ! En quête d'un souverain, l'assemblée insulaire sollicite le roi d'Espagne, qui refuse cette nouvelle couronne. Engagé par des exilés corses, Neuhoff débarque à Aléria le 25 mars 1736, le dimanche des Rameaux. L'Allemand, vêtu d'une longue robe écarlate, ressemble à un messie, d'autant qu'il apporte aux chefs locaux, argent, armes, nourriture et munitions pour les aider à chasser les Génois. Il leur promet de nouveaux approvisionnements en échange de la couronne. Il n'en faut pas plus pour les convaincre. Le 15 avril 1736, Theodore von Neuhoff est ainsi couronné roi des Corses à Alesani, sous le nom de Théodore Ier. Installé dans l'ancien palais épiscopal de Cervione, le souverain approuve la Constitution monarchique, distribue des titres de noblesse et fait frapper monnaie !

Fort de son expérience militaire, le roi mène la guerre contre les Génois. Mais l'île a néanmoins besoin d'une aide extérieure pour se libérer définitivement. Le 10 novembre 1736, Théodore Ier quitte son royaume à bord d'un vaisseau français, après avoir confié la régence au marquis Luiggi Giafferi. La puissance génoise profite alors de son absence pour mener sur l'île de violentes représailles. Après avoir fait le tour des capitales européennes et échappé à plusieurs tentatives d'assassinat, Théodore Ier revient en Corse le 15 septembre 1738 avec trois navires transportant armes et munitions. Mais il est trop tard ! Les principaux chefs de l'île ne croient plus en lui et le renvoient à Naples. Neuhoff tentera – en vain – un nouveau retour en 1743, sans même pouvoir débarquer. Emprisonné pour dettes, il meurt à Londres en 1756. Le corps du seul et unique roi des Corses terminera dans la fosse commune.

45.

Pourquoi la madeleine doit-elle son nom à une servante du duc de Lorraine ?

Le duc de Lorraine Stanislas Leszczynski est un personnage injustement oublié de l'Histoire de France. Beau-père de Louis XV, arrière-grand-père de trois rois de France (Louis XVI, Louis XVIII et Charles X), mécène et philosophe, on lui doit aussi deux desserts populaires qui font encore de nos jours le plaisir des fins gourmets. Lorsque le duc, lassé de manger des kouglofs trop secs, demanda à son pâtissier Nicolas Strohrer d'y remédier, celui-ci créa une brioche parfumée au safran et imbibée de vin de Malaga. Vous l'aurez sans doute deviné, il s'agit de notre délicieux baba au rhum. Mais le duc est également à l'origine de la célébrissime madeleine…

Né en 1677 dans la plus haute aristocratie polonaise, Stanislas Leszczynski est élu roi de Pologne en 1705. Quatre ans plus tard, suite à la défaite contre les Russes de son allié le roi Charles XII de Suède, il est chassé du trône. Après un exil en Allemagne, il se réfugie en 1718 dans la ville alsacienne de Wissembourg, alors sous l'autorité du roi de France. Par un heureux concours de circonstance[1], sa fille Marie épouse en 1725 le jeune Louis XV. Stanislas s'installe

1. Voir *Les Pourquoi de l'Histoire 1.*

alors à Saint-Germain-en-Laye. En 1733, à la mort du roi de Pologne Auguste II, il tente de reconquérir son trône. Mais le voilà de nouveau chassé du pouvoir par les Russes et les Autrichiens.

L'intervention de la France aux côtés de Stanislas entraîne la guerre de Succession de Pologne. Celle-ci se solde en 1737 par la renonciation officielle du roi déchu au trône polonais. En compensation, il hérite du duché de Lorraine et de Bar, que Louis XV convoitait et qui reviendra ainsi à la France après sa mort. Le duc dispose désormais d'une confortable pension et s'installe au château de Lunéville, surnommé le Versailles lorrain, où il mène grand train. Avec l'architecte Emmanuel Héré, il participe à la transformation de sa capitale, Nancy, au cœur de laquelle il fait construire la célèbre place qui porte aujourd'hui son nom. En 1744, le duc prend possession du château de Commercy, qu'il souhaite embellir et doter de jardins exceptionnels. Car Stanislas aime séjourner avec sa cour dans ce château où l'étiquette est moins stricte qu'à Lunéville.

C'est ainsi qu'en 1755, Stanislas organise à Commercy un grand dîner auquel est invitée la marquise Perrotin de Barmond. Au moment de passer à table, une terrible dispute éclate entre le majordome du duc et son pâtissier. Furieux, ce dernier décide de rendre son tablier et emporte avec lui le dessert qu'il avait préparé avec soin, privant les convives d'exquises douceurs. Pour ne pas gâcher la soirée et remédier à cette situation, le majordome fait appel à la soubrette de la marquise, une certaine Madeleine Paulmier, réputée pour ses talents de pâtissière. En un tournemain, celle-ci exécute alors des petits gâteaux selon une vieille recette de sa grand-mère. Par chance, il n'en faut pas plus pour que le dessert enchante les convives. En témoignage de gratitude et de remerciement, Stanislas décide de baptiser cette gourmandise du prénom de sa créatrice.

Quelques années plus tard, à Commercy, une entreprise est créée afin d'exploiter commercialement la fameuse recette de Madeleine Paulmier. Les succulents petits gâteaux sont officiellement baptisés « madeleines de Commercy ». Celles-là même qui éveilleront, bien plus tard, des souvenirs à Marcel Proust !

46.

Pourquoi Mozart fut-il accusé d'avoir volé la partition du *Miserere* d'Allegri ?

Le *Miserere* d'Allegri est certainement l'œuvre la plus fameuse de toute la musique vocale européenne. D'une durée totale d'une quinzaine de minutes, il est chanté *a capella* par neuf voix réparties en deux chœurs et contient la plus haute note accessible à un ténor : le contre-ut. Si aujourd'hui le *Miserere* est l'un des motets les plus enregistrés, sa partition fut durant des siècles l'un des secrets les mieux gardés du Vatican. Grâce à Mozart, cette œuvre merveilleuse est passée dans le domaine public, contre la volonté papale… Mais l'a-t-il vraiment volée ?

Remarqué par le pape Urbain VIII pour ses talents de chanteur et de compositeur, le prêtre Gregorio Allegri est engagé en 1629 dans le chœur de la chapelle Sixtine. À la demande du souverain pontife, il compose un chant polyphonique sur le psaume 50 de la Bible, dans lequel le roi David demande pardon à Dieu, d'où son nom de *Miserere* (Aie pitié). Le chant est interprété pour la première fois le 12 avril 1639. Afin de préserver le caractère unique de l'œuvre, le pape interdit sa diffusion hors les murs. Il ne sera alors chanté à la chapelle Sixtine qu'au cours de la Semaine sainte, lors des matines du mercredi et du vendredi, à la fin de l'office des Ténèbres, au moment où le souverain pontife et les cardinaux s'agenouillent devant l'autel. La partition est gardée secrète et tout auditeur surpris à prendre des notes pendant son exécution se voit expulsé de la chapelle. Quant aux choristes, ils sont punis d'excommunication s'ils interprètent l'air ailleurs ou s'ils s'avisent de le retranscrire. Pendant près d'un siècle et demi, ce chant n'est donc entendu que par quelques rares privilégiés. C'est alors que Mozart va briser l'interdit.

Né en 1756, Wolfgang Amadeus est initié à la musique dès son plus jeune âge par son père, maître de chapelle du prince-archevêque de Salzbourg. À l'âge de 5 ans, le jeune prodige se produit devant l'impératrice Marie-Thérèse et compose sa première œuvre, un menuet pour piano. À 8 ans, il compose sa première symphonie et à 11 son premier opéra. Par ailleurs, son père construit sa notoriété en l'emmenant faire des tournées triomphales à travers toute l'Europe. Coïncidence ou non, toujours est-il qu'en avril 1770, alors âgé de 14 ans, Mozart se trouve à Rome pendant la Semaine sainte. À la chapelle Sixtine, il entend le fameux *Miserere* d'Allegri. En deux écoutes, le jeune garçon parvient à retenir de mémoire les neuf voix du *Miserere* et à reproduire sur une partition l'intégralité de l'œuvre. La nouvelle ne tarde pas à s'ébruiter. Comme il paraît inconcevable qu'un adolescent de 14 ans ait pu réaliser un tel exploit, le petit génie est accusé par Rome de l'avoir volée. Finalement, l'année suivante, le musicologue anglais Charles Burney publiera la partition du *Miserere*, contraignant le pape à lever l'interdiction qu'il faisait peser sur la diffusion de ce merveilleux chant !

47.

Pourquoi James Cook a-t-il été dévoré aux îles Sandwich ?

Amateurs de tournures langagières, les Québécois ont forgé le terme d'« aptonyme » pour désigner ceux dont le patronyme s'accorde parfaitement avec leur métier ou leur fonction. En 1789, le premier maire d'Illeville-sur-Montfort (Eure) s'appelait ainsi Chefdeville. Au XIXe siècle, notre plus célèbre danseur chorégraphe avait pour nom Marius Petipa… et l'ancien directeur de l'Opéra de Paris s'appellait Benjamin Millepieds ! Et que dire de l'explorateur James Cook (« cuisinier », en anglais), dévoré par des cannibales aux îles Sandwich ?

Issu d'un milieu modeste, James Cook gravit un à un les échelons de la Marine britannique, démontrant un talent certain pour la cartographie. En 1768, la Royal Society lui confie le commandement d'une expédition pour découvrir le continent austral. Cook quitte Plymouth en août à bord de l'*Endeavour*. Le 6 octobre 1769, il devient le second Européen (après Abel Tasman) à atteindre la lointaine Nouvelle-Zélande. Cartographiant les lieux en détail, il s'aperçoit qu'il a déniché, non pas un continent, mais deux îles séparées par un mince détroit, qui porte d'ailleurs aujourd'hui son nom.

Le 28 avril 1770, James Cook est ainsi le premier Européen à débarquer en Australie, à Botany Bay, l'actuelle Sydney. De retour en Angleterre en juin 1771, il est promu capitaine de frégate. Le navigateur repart en mer en juillet 1772 à bord du *HMS Resolution* à la recherche du fameux continent austral, qu'il n'a toujours pas trouvé. Durant deux années, il sillonne les latitudes les plus au sud du globe, parvenant même à dépasser le cercle polaire antarctique. Son retour en Angleterre est alors triomphal. Promu capitaine de vaisseau, Cook devient célèbre dans toute l'Europe. En juillet 1776, il appareille à nouveau sur le *Resolution* avec pour mission de déceler le passage du Nord-Ouest, censé relier l'Atlantique au Pacifique par le nord. C'est lors de cet ultime voyage qu'il découvre à la fin de l'année 1777 des îles qu'il baptise du nom du premier lord de l'Amirauté, Sandwich[1].

L'Anglais tente ensuite de passer par le détroit de Béring. Mais bloqué par les glaces, il est contraint de revenir aux îles Sandwich en janvier 1779. Fait étonnant, son arrivée coïncidant avec une fête religieuse, l'explorateur est d'abord vénéré comme un dieu par la population locale. Malheureusement, un mois plus tard, les rapports avec les indigènes se dégradent sérieusement. Le 14 février, après le vol d'une chaloupe, Cook va jusqu'à retenir en otage le chef de l'île. Les autochtones ripostent à coups de pierres et de lances. Après avoir tenté une médiation, l'explorateur est frappé à la tête avant de s'écrouler et d'être battu à mort. La population locale se livre alors à un terrible rituel. Les voilà qui cuisent le corps du malheureux Cook et le dévorent. Notons que selon certains historiens, les Hawaïens se contentèrent de récupérer les os, où se trouvait, croyaient-ils, le pouvoir magique du capitaine anglais.

Rappelons que Cook ne fut pas le seul explorateur à être « cuisiné » ou « consommé ». En 1528, Giovanni da Verraz-

1. Future Hawaï (voir *Les Pourquoi de l'Histoire 2*).

zano, découvreur de la future ville de New York, fut tué aux Antilles par des Indiens anthropophages. Et en 1772, Marc-Joseph Marion du Fresne, qui conquit l'île Marion, celle du Prince-Édouard et les îles Crozet, fut dévoré par les Maoris pour avoir pêché dans leurs eaux sacrées.

48.

Pourquoi la pomme de terre doit-elle sa popularisation en France à Antoine Parmentier ?

Cuite au four, à l'eau, à la vapeur, cuisinée en purée, en gratin, en chips ou en frite, la pomme de terre est un aliment de base. Il est difficile d'imaginer que jusqu'à la fin du XVIIIe siècle, la consommation de ce tubercule venu d'Amérique était déconseillée, avant de trouver sa place dans nos assiettes grâce à un pharmacien.

Dans la cordillère des Andes, la pomme de terre était cultivée par les Incas sous le nom de *papa*. Baptisée « patata » par les conquérants espagnols, elle est introduite en Europe à la fin du XVIe siècle. Le tubercule sert d'abord de denrée de substitution dans les régions ravagées par la guerre ou les disettes, avant de concurrencer le chou par sa faculté à pousser rapidement, sans aucun entretien, sur des sols pauvres et froids. Au milieu du XVIIIe siècle, en France, la pomme de terre est encore réservée aux cochons ou aux indigents. Sa culture est interdite dans certaines régions, car elle est jugée toxique et responsable de la transmission de la lèpre.

Le premier à faire valoir les qualités du tubercule est l'agronome Henri Duhamel du Monceau, à partir de 1750. Quelques années plus tard, durant la guerre de Sept Ans, le pharmacien des armées Antoine Parmentier est arrêté par les Prussiens. Lors de sa captivité en Allemagne, il est nourri de pommes de terre en bouillie et découvre ainsi les vertus nutritionnelles de ce féculent. En 1772, il remporte un prix de l'Académie de Besançon, qui avait demandé aux scientifiques de sélectionner les végétaux permettant de lutter contre les disettes. Dans son mémoire, Parmentier suggérait d'extraire l'amidon (plus nutritif que le gluten) présent dans un grand nombre de plantes, dont la pomme de terre. Devenu apothicaire à l'hôtel royal des Invalides, il se lance dans une campagne visant à promouvoir la culture et la consommation de la pomme de terre.

C'est ainsi que Parmentier convie d'éminents scientifiques, tels Lavoisier ou Benjamin Franklin, à des dîners où tous les plats sont préparés à base de pomme de terre. Intéressé par cette découverte, Louis XVI lui confie en 1786 le terrain de manœuvres des Sablons, un sol incultivable situé à l'ouest de Paris. Parmentier y plante ses tubercules sur deux arpents, surveillés la journée par des gardes. Croyant qu'il s'agit de plantes rares et luxueuses, de nombreux riverains profitent de la nuit pour dérober les premières pousses. On a longtemps dit qu'il s'agissait d'une ruse de Parmentier destinée à populariser la pomme de terre, mais l'apothicaire s'est lui-même insurgé à l'époque contre ces vols.

Le 24 août 1786, la veille de la saint Louis, Parmentier offre à Louis XVI un bouquet de fleurs de pomme de terre. Le souverain en accroche une à sa boutonnière et en pique une autre dans la coiffure de la reine. Lorsque le tubercule est servi à la table du roi, les préjugés tombent et la production de « parmentières » gagne l'ensemble du pays. Le nom de son plus ardent promoteur subsiste encore, pour certains mets comme le célèbre « hachis parmentier ».

49.

Pourquoi, le 7 juillet 1792, les députés de l'Assemblée se sont-ils embrassés ?

Les premières années de la Révolution ont fait de l'Assemblée le théâtre de scènes mémorables. Un jour, alors que Mirabeau, élu du tiers état, se disputait violemment la parole à la tribune avec son frère, représentant la noblesse, un député du clergé, l'abbé Maury, se plaça entre les deux hommes et étendit les bras en forme de croix pour mimer Jésus crucifié. Son geste provoqua un énorme éclat de rire dans la salle. Mais la scène la plus insolite eut lieu le 7 juillet 1792, lorsqu'à la demande du député Lamourette, tous les élus s'embrassèrent.

Prêtre lazariste ayant prêté serment à la Constitution civile du clergé, Adrien Lamourette se fait connaître comme collaborateur de Mirabeau, pour lequel il prépare les argumentaires. Nommé évêque constitutionnel de Lyon, il est élu député du Rhône-et-Loire aux élections législatives de 1791. On installe alors une nouvelle représentation, l'Assemblée législative. Cependant, le roi dispose d'un droit de veto lui permettant de repousser temporairement certains textes. Si le club des Feuillants, partisan de la monarchie constitutionnelle, domine le débat, il se voit rapidement débordé par le club des Jacobins, plus radical. Les députés jacobins rêvent d'étendre la Révolution à toute l'Europe et veulent mener la guerre contre l'Autriche. De son côté, Louis XVI penche également pour le conflit, car il espère secrètement que la victoire des souverains européens restaurera son pouvoir absolu.

Le 20 avril 1792, l'Assemblée législative déclare officiellement la guerre à l'Autriche. Mais, privée des deux tiers de ses officiers qui ont émigré, l'armée française subit plusieurs débâcles sur la frontière nord. Les sans-culottes parisiens, qui s'impatientent devant Louis XVI qui use de son droit de veto, investissent le 20 juin le palais des Tuileries et obligent le roi à se coiffer du fameux bonnet rouge. Mais Louis XVI ne concède rien à la foule. Les esprits s'échauffent et, à l'Assemblée, les débats font rage entre ceux qu'on soupçonne de vouloir renverser la monarchie et les autres qu'on accuse de préparer une nouvelle Constitution.

Le 7 juillet 1792, alors que la discussion est extrêmement animée, Lamourette monte soudain à la tribune. Affirmant que la désunion de l'Assemblée est préjudiciable en période de guerre, le prêtre en appelle à la fraternité, proposant une accolade générale. Son discours est si émouvant qu'il provoque des applaudissements unanimes. Dans un moment d'enthousiasme, tous les députés s'embrassent en signe de réconciliation. La ferveur est si grande qu'on décide d'informer le peuple de l'événement, tandis qu'une délégation conduite par Lamourette se rend aux Tuileries pour prévenir le roi. Louis XVI félicite l'Assemblée pour son bel esprit de fraternité. Cette concorde sera cependant de très courte durée. Dès le lendemain, les clivages redoublent d'intensité à l'Assemblée. Quant à Lamourette, il sera guillotiné dix-huit mois plus tard, en janvier 1794.

50.

Pourquoi, en 1794, Marseille a-t-elle officiellement été rebaptisée « Ville-Sans-Nom » ?

Deuxième ville de France par la densité de sa population, Marseille fut fondée en 600 avant J.-C. par des colons grecs venus de Phocée, en Asie Mineure. Baptisée *Massalia*, elle devient *Massilia* sous les Romains, *Marselha* en occitan provençal, puis Marseille en français. Les écrivains la surnomment « L'Athènes des Gaules », « la Ville rebelle » ou encore « la Porte de l'Orient ». Mais pourquoi la Cité phocéenne fut-elle rebaptisée sous la Terreur « Ville-Sans-Nom » ?

Le 21 septembre 1792, plus d'un mois après la prise des Tuileries, la Convention proclame l'abolition de la royauté et la naissance de la République. Pour marquer cet événement, les députés datent désormais les actes du gouvernement de « l'An I de la République ». Le 5 octobre 1793, poursuivant leur politique de déchristianisation, les députés votent l'abolition du calendrier traditionnel. Dorénavant, quiconque s'exprimera selon l'ancien calendrier grégorien sera passible de la peine de mort. Le calendrier républicain est alors créé par le poète François Fabre d'Églantine, ami de Danton et auteur de la célèbre chanson *Il pleut, il pleut, bergère*.

Afin que toute trace de l'Ancien Régime soit effacée, un décret est adopté au même moment pour officialiser les changements de nom des communes, rebaptisées en masse par les sans-culottes. Souvent, ce sont des villes au nom religieux auquel on substitue une appellation républicaine : Saint-Ouen devient ainsi Bains-sur-Seine, La Villedieu est renommée La Carmagnole, et Tremblay-en-France Tremblay-Sans-Culottes ! On gomme toute référence à la monarchie ou à la noblesse : Bucy-le-Roi devient Bucy-la-République, Martigny-le-Peuple remplace Martigny-le-Comte et Port-Libre succède à Port-Louis. Quant à Versailles, capitale du pouvoir royal, elle se transforme en Berceau-de-la-Liberté ! On promeut aussi de nouveaux héros : plusieurs communes prennent le nom de Marat ou de Jean-Jacques-Rousseau, d'autres sont nommées Guillaume-Tell, Thémistocle voire Brutus, l'assassin de Jules César.

Enfin, certaines villes se retrouvent débaptisées pour s'être soulevées contre la Convention. Ainsi, le 6 janvier 1794, à la suite d'un arrêté de Barras, Marseille, qui avait soutenu le parti fédéraliste, est rebaptisée officiellement « Ville-Sans-Nom ». Les bâtiments où les sections fédéralistes ont siégé sont également détruits. Marseille ne conservera toutefois cette appellation que durant un mois, la sanction étant levée dès le 12 février par le représentant Maignet, proche de Robespierre. Finalement, la quasi-totalité des changements de noms de communes sera annulée à la Restauration. Une rumeur tenace prétend que durant la Révolution, la ville de Grenoble, véritable bastion révolutionnaire, fut rebaptisée « Grelibre ». Il s'agit d'une légende. En réalité, c'est le roi Louis XVIII, grand amateur de calembours, qui, irrité par l'esprit frondeur de la cité, la surnommera ainsi durant la Restauration…

51.

Pourquoi la flèche de la cathédrale de Strasbourg a-t-elle échappé à la Terreur ?

Avec ses quatre millions et demi de visiteurs par an, Notre-Dame de Strasbourg est la deuxième cathédrale la plus visitée de France après Notre-Dame de Paris. L'édifice gothique est célèbre pour son horloge astronomique et ses automates, son ensemble de cloches à double sonnerie, son pilier des Anges et, surtout, sa flèche qui atteint 142 mètres de haut. Menacée durant la Terreur, un serrurier et un bonnet phrygien ont permis qu'elle ne soit pas détruite.

La cathédrale de Strasbourg est née en 1015, de la volonté commune de l'évêque Werner de Habsbourg et de l'empereur germanique Henri II. Comme le terrain était glaiseux et mouvant, des pieux furent enfoncés dans la nappe phréatique et remblayés. Après un incendie en 1176, un second édifice est érigé. Le chantier dure près de deux siècles et demi : la cathédrale entamée dans le style roman est achevée en 1439 dans le style gothique. Réalisée par Johannes Hultz de Cologne, la flèche de sa tour nord en fait le plus haut édifice de la chrétienté, visible depuis les Vosges ou la Forêt-Noire allemande. Pour des raisons demeurées inconnues, la seconde tour ne sera jamais construite, donnant à la cathédrale cet aspect asymétrique et inachevé.

En novembre 1793, durant la Terreur, Pierre-François Monet décide de transformer l'édifice en « Temple de la Raison ». La Convention ayant ordonné de détruire partout les portraits et effigies des rois, des centaines de statues sont brisées dans la cathédrale. Le savant Jean Hermann en sauve une partie en les enterrant dans le Jardin botanique, qu'il dirige. Au même moment, un jacobin zélé et représentant de la Convention, Antoine Téterel, exige qu'on démolisse la flèche de la cathédrale, arguant que celle-ci fait injure aux principes d'égalité en affirmant la puissance de l'Église. La ville de Strasbourg hésite à appliquer une telle directive, prétextant le coût élevé qu'une telle démolition engendrerait. Finalement, un officier municipal, le serrurier Jean-Michel Sultzer, ami de l'accusateur public du tribunal révolutionnaire de Strasbourg, propose de coiffer la flèche d'un immense bonnet phrygien, expliquant que ce symbole de la République permettra de promouvoir la Révolution jusqu'en Allemagne.

Sa proposition est acceptée. En juin 1794, un immense bonnet phrygien en tôle badigeonné de rouge vif est hissé au sommet de la cathédrale. Il y demeurera jusqu'en 1802. Durant cette période, les Strasbourgeois le surnomment le *kaffeewärmer* (la chaufferette à café). Conservé ensuite dans la bibliothèque de la ville, l'objet sera détruit lors des bombardements prussiens qui s'abattent sur Strasbourg le 24 août 1870. Aujourd'hui, un buste de Jean-Michel Sultzer trône sur le pignon saillant d'une maison située juste en face de la cathédrale : le révolutionnaire est représenté en train d'admirer la flèche qu'il a sauvée de la destruction.

52.

Pourquoi le poulet Marengo doit-il son nom à une bataille ?

Plusieurs personnalités ont donné leur nom à des plats célèbres. En l'honneur de la cantatrice australienne Nellie Melba, le cuisinier Auguste Escoffier créa en 1893 la pêche Melba. Le bœuf Stroganov prit le patronyme d'un ministre russe, le tournedos Rossini celui d'un compositeur italien, et la charlotte le prénom de l'épouse du roi d'Angleterre George III. Le poulet Marengo, lui, ne doit pas son nom à une personnalité, mais à une bataille.

En 1799, Bonaparte se trouve retenu en Égypte. Les Autrichiens tentent de profiter de son absence pour reconquérir leurs possessions italiennes, perdues l'année précédente. Après trois défaites durant le printemps, les Français sont vaincus le 15 août 1799 à la bataille de Novi et doivent évacuer l'Italie. Rentré d'Égypte durant l'automne et nommé Premier Consul à la suite du coup d'État du 18 Brumaire, Napoléon décide de rétablir la situation. Au printemps 1800, il lève une armée de 40 000 hommes et traverse les Alpes dans des conditions difficiles, par le col suisse du Grand-Saint-Bernard. Débouchant dans la plaine du Pô, il s'empare d'Aoste le 16 mai, puis entre dans Milan le 2 juin. Sept jours plus tard, les Autrichiens subissent une première défaite à la bataille de Montebello. Disposant encore de l'avantage du nombre, ils décident de jouer le tout pour le tout en attendant les Français près de la forteresse d'Alexandrie (actuel Piémont).

L'affrontement a lieu le 14 juin 1800 dans un village appelé Marengo. La bataille s'engage mal pour les Français. Mais en début d'après-midi, la situation se renverse avec l'arrivée du général Desaix et de ses deux divisions, qui bousculent les Autrichiens. Alors que ces derniers tentent de reprendre l'offensive, le général Kellermann, à la tête de 400 cuirassiers, lance un terrible assaut qui sème la panique dans les rangs ennemis et donne la victoire à la France. La bataille gagnée, Bonaparte fait savoir qu'il est affamé. Malheureusement, les voitures de provisions ne sont pas accessibles. Pour combler son appétit, le cuisinier du Consul, un certain Dunand, envoie en urgence des hommes récupérer des victuailles dans les fermes alentour.

Le cuisinier doit alors improviser rapidement une recette accommodant tous les ingrédients qu'on lui a rapportés, dont un poulet. N'ayant pas le temps de faire rôtir la volaille, il la découpe (à l'aide d'un sabre) et la rissole à la poêle dans l'huile d'olive, avec des tomates, de l'ail et du cognac. Il sert enfin au Consul le sauté de poulet dans sa sauce, accompagné de croûtons, d'œufs frits et d'écrevisses. Le plat plaît énormément à Bonaparte, qui aurait demandé au cuisinier de lui en servir un à l'issue de chaque bataille. Baptisée « poulet Marengo », la recette subit avec le temps quelques modifications : les écrevisses seront remplacées par des champignons, les œufs frits par des oignons et le cognac par du vin blanc. Le plat sera également décliné sous forme de sauté de veau.

53.

Pourquoi un arracheur de dents a-t-il inventé la marionnette de Guignol ?

Guignol est sans conteste l'un des personnages les plus célèbres de notre culture populaire. Nous l'avons tous rencontré au moins une fois au cours de notre enfance. Son succès est tel que le théâtre en plein air créé pour accueillir ses farces en 1818 aux Champs-Élysées reçut parmi ses premiers spectateurs le futur roi Louis-Philippe. Toutefois, peu connaissent l'origine de cette icône lyonnaise…

Né à Lyon en 1769, Laurent Mourguet est issu d'une famille de canuts. Durant la Révolution, l'industrie de la soie est victime de la crise. Pour survivre, il s'improvise marchand ambulant et parcourt les campagnes pour vendre toutes sortes de colifichets. De retour à Lyon, il gagne sa vie comme arracheur de dents sur les différentes places de la ville. À l'époque, il faut savoir que les dents sont extraites gracieusement, à l'aide d'une tenaille, dans le seul but de vendre ensuite aux patients des onguents censés soulager leur atroce douleur. Pour attirer le chaland, Mourguet a alors l'ingénieuse idée de monter un spectacle de marionnettes. S'inspirant de la tradition italienne, il utilise des marionnettes à gaine et reprend les intrigues de la Commedia dell'arte, ainsi que son célèbre personnage : Polichinelle.

Ses spectacles suscitent une curiosité croissante auprès des Lyonnais et sa petite entreprise fleurit si bien que Mourguet peut désormais se consacrer pleinement à ses personnages. Il se produit dans l'allée des Brotteaux, au milieu d'autres forains, et s'adjoint les services d'un autre comédien ambulant : Lambert Grégoire Ladré, dit le Père Thomas. Debout devant le castelet, celui-ci joue du violon et interpelle les marionnettes, ce qui rend le spectacle interactif. Malheureusement, Thomas est un peu trop porté sur la bouteille et il manque plusieurs de ses prestations, obligeant les deux comparses à se séparer. Pour le remplacer, Mourguet crée le personnage de Gnaffron, un cordonnier gouailleur et ivrogne.

Après quatre années de représentations, Mourguet note que le public commence à se lasser de Polichinelle. En 1808, il invente donc une nouvelle marionnette, à laquelle il donne ses traits : Guignol est né ! C'est un homme du peuple, malicieux et épris de justice. L'origine de son patronyme reste néanmoins mystérieuse ; il pourrait venir du nom de la ville italienne de Chignolo, cité natale d'un ami de Mourguet. Et voilà qu'un troisième personnage ne tarde pas à s'ajouter au duo : Madelon, la femme de Guignol, une ménagère économe et bavarde.

Coiffé d'une grande natte à la manière des canuts, Guignol va s'imposer comme le porte-parole des gens du peuple. Ses spectacles sont l'occasion pour l'auteur de commenter l'actualité, en dénonçant avec humour les injustices subies par les personnes de petite condition. En 1820, face au succès des représentations, Mourguet constitue une petite troupe. Il fait appel à deux de ses enfants, ainsi qu'à son gendre Louis Josserand, avec lesquels il continue à sillonner la région. En 1840, un an après avoir créé le premier théâtre de Guignol permanent au café du Caveau, Mourguet en laisse la direction à Josserand. Ainsi, le succès de Guignol se perpétuera sans jamais faiblir jusqu'à nos jours !

54.
Pourquoi Rio de Janeiro a-t-elle été durant 13 ans la capitale du Portugal ?

Fondée en 1565, Rio de Janeiro fut la capitale du Brésil dès l'indépendance du pays en 1822, avant d'être remplacée par la ville nouvelle de Brasilia, inaugurée en 1960. Aussi étonnant que cela puisse paraître, la cité a bel et bien été également une capitale européenne ! En effet, pour la seule et unique fois de l'Histoire, la capitale d'un pays européen fut instaurée à l'extérieur du continent… Pourquoi une telle situation a-t-elle été possible ?

Cette histoire remonte au XVIe siècle. Le Brésil, découvert par hasard en 1500 par le navigateur Cabral, devient, en vertu du traité de Tordesillas, une possession de la couronne portugaise. C'est la seule colonie non espagnole d'Amérique du Sud qui le demeurera jusqu'au XIXe siècle en dépit des tentatives d'ingérence française et hollandaise. En 1703, le Portugal conclut une belle alliance commerciale avec l'Angleterre : les vins de Madère et de Porto seront réservés au marché anglais, tandis que la Grande-Bretagne exploitera librement son textile au Portugal et participera ainsi au développement du Brésil. Ce traité favorise grandement le pays, qui devient à cette époque une colonie prospère, spécialisée dans la culture du tabac, de la canne à sucre, du coton et du cacao. L'or dont il regorge permettra d'ailleurs la reconstruction de Lisbonne après le terrible tremblement de terre de 1755.

Quand le temps de la Révolution française vient bousculer les équilibres, le Portugal n'hésite pas à participer avec la plupart des monarchies européennes à la grande coalition anti-française. Mais voilà qu'en 1796, son voisin espagnol signe un traité avec la France. Le Portugal, vent debout, reste fidèle au camp anglais. L'Espagne envahit le pays en 1801 et le Portugal, vaincu, cède la ville d'Olivenza à l'envahisseur et ferme sous la contrainte ses ports aux navires anglais. C'est alors que les Portugais vont devoir faire face à un terrible dilemme : appliquer le blocus continental et risquer de voir leur allié anglais envahir leurs colonies, ou ne pas s'y résoudre et le Portugal sera annexé par la France. Comment en sortir ? Le régent Jean VI tente d'abord de gagner du temps, mais Napoléon, aguerri, adresse un ultimatum au Portugal. Jean VI refuse de risquer ses précieuses colonies et continue malgré tout de commercer avec les Anglais, contraignant Napoléon à riposter. Et le 20 novembre 1807, les troupes françaises commandées par le général Junot traversent la frontière hispano-portugaise…

Une seule issue semble désormais possible pour le pouvoir portugais. Neuf jours plus tard, la famille royale, le gouvernement et une grande partie de la cour abandonnent leur royaume envahi par la France et embarquent pour le Brésil. Le 8 mars 1808, escortée par les Anglais, leur escadre débarque enfin à Rio de Janeiro, déclarée nouvelle capitale du Portugal. Mais cette situation exceptionnelle se prolonge bien après que les Français ont été définitivement chassés du Portugal en 1810. Jean VI préfère en effet demeurer à Rio, dont il apprécie les charmes, faisant de la colonie un royaume uni à la couronne portugaise. Il faudra attendre 1821 pour que le roi, sommé par le nouveau gouvernement portugais, accepte enfin de rentrer à Lisbonne. Il laisse cependant la régence du Brésil à son fils Pierre, qui se fait couronner empereur l'année suivante sous le nom de Pierre Ier avant de proclamer l'indépendance du pays. Celle-ci sera finalement reconnue en 1825 tant par le Portugal que le Royaume-Uni.

55.

Pourquoi un attentat manqué a-t-il poussé Napoléon au divorce ?

Peu de souverains ont fait l'objet d'autant de tentatives d'assassinat que Napoléon Bonaparte. La plus spectaculaire eut lieu le 24 décembre 1800 lorsqu'une bombe explosa au passage du Premier Consul, dont le cortège se rendait à l'Opéra de Paris. Si Bonaparte s'en sortit indemne, l'explosion coûta tout de même la vie à vingt-deux personnes et en blessa une centaine d'autres. Quant à l'attentat manqué du 12 octobre 1809 en Autriche, il fit une importante victime collatérale : l'impératrice Joséphine en personne. Pourquoi cette attaque pousse-t-elle alors Napoléon au divorce ?

En mai 1809, Napoléon est occupé à mater la guérilla en Espagne. L'Angleterre profite de cette situation pour convaincre l'Autriche de reprendre la guerre contre la France, quatre ans après la défaite d'Austerlitz. Cette cinquième coalition remporte quelques succès militaires en Allemagne, obligeant Bonaparte à rentrer en hâte. Le 22 mai, les Français sont tenus en échec par les Autrichiens à la bataille d'Essling, où meurt le maréchal Lannes. Il n'en faut pas plus pour que cette nouvelle ravive les révoltes populaires. Dans le Tyrol, la rébellion menée par Andreas Hofer parvient à reprendre Innsbruck aux Bavarois, alliés des Français. En Allemagne, le major prussien Ferdinand von Schill tente alors de soulever le royaume de Westphalie, gouverné par Jérôme Bonaparte. Mais le comploteur est tué le 31 mai à Stralsund.

Âgé de 17 ans, Friedrich Staps est ébranlé par les événements. Ce fils de pasteur fut d'abord un admirateur de Napoléon, avant de le juger ennemi de la paix et du peuple allemand. Se sentant investi d'une mission divine, il prend la décision d'assassiner l'Empereur. Rien ne semble pouvoir l'arrêter dans sa démarche. Début octobre, Staps arrive à Vienne, où séjourne Napoléon depuis la victoire de Wagram afin de négocier un traité de paix avec l'Autriche. Le 12 octobre 1809, date fatidique, le jeune homme se rend au palais de Schönbrunn, où Napoléon assiste à une parade militaire donnée dans la cour. Feignant de vouloir lui remettre une pétition, l'Allemand s'approche de l'Empereur. Sa stratégie échoue grâce au maréchal Berthier qui s'interpose. Déterminé, Staps se rapproche encore, la main plongée dans la poche de sa redingote. Le général Jean Rapp ordonne immédiatement son arrestation. Conduit au château, Staps est fouillé et l'arme du crime, un énorme couteau de cuisine, découverte. Interrogé, l'accusé est contraint d'avouer son projet fatal, mais, curieuse attitude, il tient à réserver à l'Empereur la révélation de son mobile.

Face à un Napoléon intrigué, Staps l'accuse, avec calme et détermination, de provoquer le malheur de ses compatriotes. Avec une incroyable mansuétude, l'Empereur laisse entrevoir une possibilité de grâce si l'accusé implore son pardon. Staps refuse pourtant, affirmant même qu'il récidivera si on lui laisse la vie sauve. Il est alors jugé par une commission militaire, condamné à mort et fusillé le 17 octobre… Cette tentative de meurtre reste un choc pour Napoléon, qui se hâte de conclure le traité de Schönbrunn. Il comprend que sa vie est en danger à chaque instant, et qu'il ne pourrait assurer sa succession en cas de coup fatal puisqu'il n'a pas d'héritier. Aussi décide-t-il de répudier sa femme, devenue stérile, afin de se remarier. Deux mois plus tard, le 15 décembre, l'affaire est close et le divorce prononcé. Comme l'écrit Jean Tulard : « *Le poignard de Staps avait manqué Napoléon. Il tuait Joséphine.* »

56.

Pourquoi Napoléon se mesura-t-il aux talents d'un automate ?

En 1809, en pleine campagne de Wagram, Napoléon est convié au château de Schönbrunn, à Vienne, pour disputer une partie d'échecs contre un automate qui fascine les cours d'Europe. Devant l'assistance, l'Empereur tente plusieurs coups illégaux, mais son curieux adversaire ne s'en laisse pas compter. Même en jouant dans les règles, Napoléon doit renoncer. Mais voilà, force est de constater que Napoléon vient d'être victime d'un gigantesque canular... Pourquoi l'Empereur a-t-il accepté cette insolite invitation ?

Après avoir assisté à la cour impériale de Vienne à un spectacle de magie du français François Pelletier, l'ingénieur hongrois Wolfgang von Kempelen conçoit une attraction encore plus sensationnelle. En 1770, il présente au palais de Schönbrunn un automate joueur d'échecs, surnommé le « Turc mécanique » en raison de son étrange costume. Revêtu d'une cape et d'un turban, le mannequin de taille humaine est assis derrière un large meuble sur lequel est placé un échiquier. Avant la représentation, Kempelen ouvre pour le spectacle les trois portes du buffet, exposant à la vue de tous des rouages d'horlogerie et des mécanismes en cuivre. Ainsi, l'automate est prêt à défier n'importe quel adversaire. Le premier sera le comte Johann Ludwig von

Cobenzl. Celui-ci perd platement la partie, comme tous les concurrents suivants.

L'automate ne tarde pas à susciter un vif intérêt et une foule de curieux se rue à la cour pour le voir jouer. Lassé de ces exhibitions, Kempelen décide alors de démonter son automate. Pourtant, en 1781, l'empereur Joseph II lui ordonne de le reconstruire, afin de le présenter à Vienne lors de la visite du grand-duc Paul de Russie. Une fois encore, c'est un immense succès ! En 1783, le Turc entame une tournée en Europe. À Paris, il affronte même à l'Académie des sciences François-André Danican Philidor, considéré comme le meilleur joueur d'échecs du monde. Si le Français l'emporte, il reconnaît que la partie fut la plus difficile de sa vie. L'automate se mesure également à Benjamin Franklin, alors ambassadeur des États-Unis. Puis, il se produit à Londres, Leipzig, Dresde, Amsterdam et Berlin.

À la mort de Kempelen en 1804, l'automate est racheté par l'ingénieur bavarois Johann Maelzel, inventeur du métronome. Il perfectionne l'engin en le dotant d'une boîte vocale qui lui permet de dire « Échec ! ». À partir de 1826, le Turc tourne aux États-Unis, où il est remarqué par Edgar Allan Poe, qui publie d'ailleurs un essai intitulé *Le Joueur d'échecs de Maelzel.* À la mort de Maelzel en 1838, l'automate passe de mains en mains avant de finir au Peale Museum de Philadelphie, où il est détruit par un incendie en 1854.

Trois ans plus tard, Silas Mitchell, fils du dernier propriétaire, révèle enfin le secret de l'incroyable mystification. Le mécanisme du meuble dissimulait un double fond où se cachait un joueur bien réel ! L'échiquier magnétisé permettait au complice de voir depuis l'intérieur les positions et mouvements de chacune des pièces. Un système fort sophistiqué de leviers et de planches à trous activait les bras et la main de l'automate. Pour compléter l'illusion la machine émettait des bruits d'horlogerie à chaque mouvement du Turc. Pendant 80 ans, dans le plus grand secret, quinze maîtres d'échecs se sont ainsi succédé à l'intérieur du meuble, expliquant ces incroyables performances !

57.

Pourquoi l'ambassade d'Autriche est-elle à l'origine de la brigade des sapeurs-pompiers de Paris ?

En France, seules deux villes sont protégées par des sapeurs-pompiers militaires. À Marseille, les secours sont assurés par un bataillon de la Marine française, créé en 1939 après l'incendie des Nouvelles Galeries. À Paris et dans les départements de la petite couronne, cette mission incombe depuis plus de deux siècles à une brigade de sapeurs-pompiers. Si ses 8 500 membres constituent aujourd'hui l'une des formations les plus célèbres du pays, on oublie souvent qu'elle doit sa création à un funeste incendie qui endeuilla les célébrations du mariage de Napoléon.

Après l'union civile célébrée au château de Saint-Cloud, Napoléon épouse le 2 avril 1810 l'archiduchesse autrichienne Marie-Louise de Habsbourg, âgée de 18 ans, au palais du Louvre. Pour fêter le retour du couple impérial de son voyage de noces, le prince de Schwarzenberg, ambassadeur d'Autriche à Paris, organise un grand bal le 1er juillet. À l'ambassade, située à l'angle des rues de la Chaussée-d'Antin et Lafayette, une salle est spécialement édifiée dans les jardins. Mais les travaux ne touchent à leur fin que quelques jours avant la réception. Aussi, pour que la peinture sèche rapidement, on l'enduit d'alcool. Dangereuse décision qui se révélera fatale. Deux jours avant le bal, en prévention, seuls six pompiers et deux pompes à bras sont disposés dans le bâtiment voisin pour ne pas alarmer inutilement les invités. À 22 h 15, Napoléon et Marie-Louise font leur entrée devant 2 000 convives, sous 75 lustres, chargés chacun de 40 bougies.

À 23 h 30, alors que la fête bat son plein, la bougie d'un plafonnier situé près de la porte du jardin enflamme une guirlande de mousseline ornant le plafond. Aussitôt, le feu se propage le long de la galerie. Napoléon se précipite pour mettre son épouse à l'abri et organise lui-même les secours. Mais bien vite la panique gagne la foule et engendre une terrible bousculade. Le spectacle est effrayant à voir : les uns sont piétinés, les autres écrasés et deux des trois issues sont la proie des flammes quand le parquet s'effondre ! Pire encore, les pompiers ne parviennent pas à remonter le flot des invités pour accéder à l'incendie. La scène est apocalyptique. Croyant sa fille prisonnière du brasier, la princesse Pauline d'Arenberg, belle-sœur de l'ambassadeur, se jette dans le salon en proie aux flammes alors que la voûte s'écroule sur elle. Il faudra attendre 4 h du matin pour que le feu soit enfin maîtrisé et les corps relevés.

Le nombre total de victimes ne sera jamais rendu public – mais il atteint sans doute plusieurs dizaines de morts. Napoléon destitue aussitôt le commandant en chef des pompiers, ainsi que le préfet de police. Le remplaçant de ce dernier, Étienne-Denis Pasquier, est chargé de réorganiser entièrement le service d'incendie, dont le drame a révélé l'inefficacité. Décrié pour son absence de discipline et d'encadrement, le corps des gardes-pompes est dissous et remplacé le 10 juillet 1811 par des sapeurs du génie de la Garde impériale. C'est le premier corps militaire recevant pour mission la lutte contre les incendies. Le 18 septembre, Napoléon le transforme en bataillon des sapeurs-pompiers de Paris. Composé de 142 hommes, il est placé sous les ordres du préfet de police. En 1867, il prendra le nom de régiment de Sapeurs-Pompiers de Paris puis, un siècle plus tard, de Brigade de Sapeurs-Pompiers de Paris, désormais célèbre et dont l'accès est réservé aux meilleurs.

58.

Pourquoi le sucre de betterave doit-il son succès à Napoléon ?

Si vous aviez dit aux hommes du XVIIIe siècle que 90 % du sucre consommé en Europe serait produit sur le Vieux Continent, ils ne vous auraient sûrement pas cru. Nous sommes en 1763. Après avoir perdu la guerre de Sept Ans, la France consent à céder ses colonies nord-américaines (Louisiane et Canada), ainsi que la quasi-totalité de ses comptoirs aux Indes, afin de sauvegarder l'île de Saint-Domingue et ses riches plantations sucrières. Aujourd'hui, 22 % du sucre produit dans le monde est issu de la betterave et la France en est le premier producteur mondial. C'est à Napoléon que l'on doit cette hégémonie.

À la fin du XVIe siècle, l'agronome français Olivier de Serres découvre que, lorsqu'elle est cuite, la betterave donne un jus naturellement sucré. Et en 1747, le chimiste allemand Andreas Margraaf révèle que ce sucre est identique à celui de la canne et il parvient même à en extraire des cristaux. Cinquante ans plus tard, reprenant ses travaux, le prussien Charles-François Achard fonde à Kunern, en Silésie, la première sucrerie à betteraves. Si sa méthode reste artisanale, la fabrique produit tout de même 2 kilos de sucre par jour, à partir de 70 kilos de betteraves.

Après la défaite de Trafalgar, Napoléon sait qu'il ne peut plus vaincre l'Angleterre militairement. Alors, il va tenter de l'étouffer économiquement. Le 21 novembre 1806, il décrète le « blocus continental », interdisant la vente des produits britanniques sur le continent. La France, qui a perdu l'île de Saint-Domingue, n'est plus en mesure d'importer de canne à sucre. Cette pénurie ravive aussitôt l'intérêt pour la betterave. Chargée de vérifier les expériences d'Achard, la commission du chimiste Jean-Antoine Chaptal informe Napoléon que la culture betteravière peut être rentable. Convaincu, l'Empereur décrète, le 25 mars 1811, l'ensemencement de 32 000 hectares de terres et subventionne la construction de sucreries.

Cette même année 1811, un industriel philanthrope, Benjamin Delessert, propriétaire d'une sucrerie, parvient avec l'aide de son chef de fabrication, le chimiste Jean-Baptiste Quéruel, à mettre au point un processus de raffinage adapté à l'échelle industrielle. En cristallisant le sucre, ils obtiennent une matière sèche, facilement débitable en morceaux. Le sucre se présente alors en pain de forme conique et de couleur blanche. Un an plus tard, Napoléon visite la célèbre fabrique de Delessert à Passy. Impressionné, l'Empereur épingle sa propre croix de la Légion d'honneur sur la poitrine de l'entrepreneur, qui recevra le titre de baron d'Empire. Napoléon ordonne aussitôt la plantation de betteraves sur 100 000 hectares de terre, crée quatre fabriques impériales de sucre et délivre 500 licences de fabrication. La poursuite de cette politique durant les décennies suivantes permettra à cette production de concurrencer rapidement la canne à sucre. En moins d'un siècle, le prix du sucre sera divisé par 200, passant de 15 francs à 7 centimes le kilo !

59.

Pourquoi le Père-Lachaise est-il devenu le plus célèbre cimetière de la capitale ?

Le cimetière du Père-Lachaise, situé dans le 20ᵉ arrondissement de la capitale, attire chaque année 3,5 millions de visiteurs. Les personnages célèbres qui y reposent, de Balzac à Édith Piaf en passant par Alfred de Musset, sans oublier Oscar Wilde ou Jim Morrison, font de lui le plus célèbre cimetière au monde. C'est plus précisément à quatre illustres défunts qu'il doit, en 1817, sa popularité.

La colline sur laquelle on trouve le cimetière s'appelait, au Moyen Âge, le Mont-aux-Vignes. En 1430, le terrain est acheté par un riche commerçant qui y installe sa maison de campagne. Au XVIIᵉ siècle, les jésuites de la rue Saint-Antoine acquièrent la propriété pour la transformer en lieu de convalescence. Le 2 juillet 1652, le jeune Louis XIV assiste depuis ses hauteurs à la bataille du faubourg Saint-Antoine qui oppose l'armée royale de Turenne à celle des Frondeurs conduite par le Grand Condé. En son honneur, le lieu est rebaptisé Mont-Louis. Quelques décennies plus tard, la propriété devient le lieu de villégiature favori du confesseur du Roi-Soleil, le jésuite François d'Aix de La Chaise, dit le « Père La Chaise ».

Pour lui témoigner sa gratitude, le roi étend considérablement le domaine et contribue à son embellissement. En

1763, après l'expulsion des jésuites du royaume, le domaine est adjugé à un certain Gratin, qui le revend plus tard à la famille Baron. Ruinée par la Révolution, celle-ci le cède en 1803 à la ville de Paris, qui entend construire un cimetière sur ces dix-sept hectares. Depuis 1775, les cimetières à l'intérieur de Paris étant interdits, ceux de la périphérie deviennent insuffisants et quatre nouveaux projets sont lancés : au nord, le cimetière de Montmartre, au sud, celui de Montparnasse, à l'ouest, celui de Passy, et donc, à l'est, l'actuel Père-Lachaise. La conception de ce dernier est confiée à l'architecte Brongniart, qui innove par un grand jardin à l'anglaise, aux allées accidentées et plantées d'arbres aux essences variées.

Le cimetière ouvre officiellement le 21 mai 1804. Cependant, les Parisiens rechignent à se faire enterrer sur des hauteurs, dans un quartier indigent. En 1812, on ne compte que 833 sépultures ! Pour les convaincre, la mairie de Paris décide même de lancer une opération publicitaire en 1817. Puis comme Louis XVIII a fait fermer le musée des Monuments français, créé en 1795 par Alexandre Lenoir, pour sauvegarder le patrimoine architectural qui a échappé aux destructions de la Révolution, une question émerge : que faire des dépouilles de Molière et La Fontaine, ainsi que du mausolée d'Héloïse et Abélard ? La municipalité organise alors le transfert de ces quatre illustres défunts au Père-Lachaise. La manœuvre porte ses fruits puisqu'en 1830, le cimetière compte plus de 33 000 tombes. Après plusieurs agrandissements, le Père-Lachaise atteint aujourd'hui 43 hectares, pour près de 70 000 concessions.

60.

Pourquoi Adolphe Thiers a-t-il vécu dans un « ménage à quatre » ?

De tous les héros balzaciens, le plus célèbre est sans aucun doute Eugène de Rastignac. Son nom est devenu synonyme du jeune provincial ambitieux venu tenter sa chance à Paris. Pour ce personnage de roman, Honoré de Balzac s'était inspiré d'Adolphe Thiers, chef du gouvernement sous la monarchie de Juillet et second président de la République. Comme Rastignac, Thiers a épousé par ambition la fille de sa riche maîtresse. Parfois, la réalité dépasse de loin la fiction.

Adolphe Thiers naît à Marseille en 1797. Son père abandonnant le foyer, il est élevé par sa mère et sa grand-mère. Étudiant brillant, il quitte la Provence pour Paris, où il devient journaliste et enchaîne les piges. Thiers, qui fréquente les salons du Tout-Paris, rencontre un jour de 1823 l'inénarrable Talleyrand. Celui-ci se reconnaît dans l'ambitieux jeune homme et le prend sous son aile. Pour le défendre, le Diable Boiteux dira de lui : « *Thiers n'est pas parvenu, il est arrivé.* » En 1824, Thiers fait paraître la première *Histoire de la Révolution française*. Bien que sans grand intérêt historique, cette œuvre colossale lui procure la notoriété qu'il recherchait tant.

Grâce à ses relations, Thiers prend la tête du *Constitutionnel*, l'influent journal de la bourgeoisie. Il s'impose alors comme l'un des chefs de file de l'opposition au gouvernement de Charles X et contribue grandement à son abdication en 1830. Principal soutien de la monarchie de Juillet, Thiers est élu député des Bouches-du-Rhône en octobre et accède deux ans plus tard au poste clé de ministre de l'Intérieur. Dès lors, il ne quitte plus les sphères du pouvoir. Même lorsque sa vie privée se met à défrayer la chronique.

D'une avidité redoutable, Thiers est depuis 1827 l'amant d'Eurydice Dosne, l'épouse d'un riche financier, dont le Tout-Paris fréquente l'hôtel particulier. Pour le garder auprès d'elle, sa maîtresse lui fait épouser sa propre fille Élise, âgée de 15 ans, le 6 novembre 1833. De vingt ans sa cadette, la jeune héritière apporte à l'homme politique une dot de 300 000 francs, ainsi qu'un hôtel particulier situé place Saint-Georges. Les Thiers n'ont pas d'enfant. Élise garde ses distances, car non seulement ce mariage ne met pas fin à la liaison de Thiers et de sa mère, mais celui-ci s'entiche également de sa sœur, Félicie Dosne, de vingt-cinq ans sa cadette et moins austère qu'Élise !

Ce ménage à quatre sera notoire, les caricaturistes surnommant Eurydice Dosne et ses deux filles « les trois moitiés de Monsieur Thiers ». Après la mort d'Eurydice en 1869 et son élection en août 1871 à la présidence de la République, Thiers continuera de vivre sa double relation avec les deux sœurs. Après avoir démissionné en mai 1873, il se retire de la vie politique et décède le 3 septembre 1877 : ses « deux moitiés » l'entourent.

61.

Pourquoi le meurtrier d'Alexandre Pouchkine a-t-il été fait commandeur de la Légion d'honneur ?

Alexandre Pouchkine, auteur de *Boris Godounov* et d'*Eugène Onéguine*, est considéré comme le fondateur de la littérature moderne russe. Comme Alexandre Dumas, le romancier avait du sang africain : son arrière-grand-père Abraham Petrovitch Hannibal était un ancien esclave anobli par le tsar Pierre le Grand, qui devint un brillant ingénieur militaire. Sa fin tragique à l'âge de 37 ans bouleversa la Russie, privant le monde de son génie. Alors, comment imaginer que l'officier français responsable de sa mort connut ensuite les honneurs de la République ?

Fils d'un riche aristocrate alsacien élu député sous la Restauration, Georges-Charles d'Anthès naît en 1812. Le jeune homme se destine à une carrière militaire. Il est admis à Saint-Cyr en 1829 mais, après l'abdication de Charles X, il refuse de servir la monarchie de Juillet et préfère s'exiler. Il arrive à Saint-Pétersbourg et rencontre le tsar Nicolas Ier qui l'accepte comme officier dans le prestigieux régiment des chevaliers-gardes. D'Anthès a un physique plutôt avantageux qui lui ouvre les portes des salons. Le baron van Heeckeren, ministre plénipotentiaire des Pays-Bas, l'adopte pour lui faire bénéficier de son titre et de sa fortune. En 1834, le Français est présenté à Pouchkine, qui tombe aussi sous son charme. Les deux hommes deviennent des familiers.

Chez Pouchkine, d'Anthès rencontre Natalia, l'épouse de l'écrivain, considérée comme l'une des plus belles femmes de Russie. Le séduisant Français ne peut s'empêcher de lui faire la cour. En novembre 1836, Pouchkine reçoit une lettre anonyme mettant en doute la fidélité de son épouse. De tempérament impulsif, le Russe provoque Charles d'Anthès. Celui-ci parvient à arranger les choses en demandant la main de la sœur de Natalia. Le mariage a lieu quelques semaines plus tard, en l'absence de Pouchkine. Devenu le beau-frère de l'écrivain, le Français reprend pourtant ses manœuvres de séduction et Pouchkine reçoit une nouvelle lettre anonyme le proclamant « coadjuteur du grand maître de l'Ordre des cocus et historiographe de l'Ordre ». Suspectant le père adoptif de Charles d'Anthès d'être le corbeau, Pouchkine lui adresse une violente lettre d'insultes. Les deux partis sont désormais irréconciliables.

Après une énième lettre anonyme, le Russe provoque son rival en duel. Ce matin du 27 janvier 1837, le Français s'avère plus rapide au maniement de son arme. Grièvement blessé, Pouchkine décède deux jours plus tard. Quelques années auparavant, une voyante lui avait prédit une mort prématurée à 37 ans à cause d'un « homme en blanc » (comme l'uniforme des chevaliers-gardes). Qualifié d'assassin par les Russes et menacé de lynchage, d'Anthès est emprisonné et jugé. Le tsar se contente de l'expulser du pays. De retour en France, d'Anthès s'installe en Alsace et se lance en politique. Soutien indéfectible du régime impérial, il sera nommé sénateur en 1852 (jusqu'en 1870) et promu en 1868 au rang de commandeur de la Légion d'honneur. Il s'éteint en 1895.

62.

Pourquoi le président américain Henry Harrison a-t-il connu le plus court mandat de l'histoire des États-Unis ?

Henry Harrison, s'il est le dernier Président à être né avant l'indépendance des États-Unis, est aussi le premier à s'être vu photographié. Il est surtout célèbre pour la brièveté de son mandat : 30 jours, 12 heures et 30 minutes. Son décès, qui déclenche une courte crise constitutionnelle, n'est dû qu'à un simple rhume.

C'est dans une famille de planteurs que William Henry Harrison naît en 1773 en Virginie. Son père fut l'un des signataires de la Déclaration d'indépendance et gouverneur de Virginie. En 1791, Harrison s'engage dans l'armée : il participe à la guerre contre les Indiens pour le contrôle du vaste Territoire du Nord-Ouest. Il débute ensuite en politique : élu en 1799 délégué au Congrès, il devient l'année suivante gouverneur de l'Indiana. Fervent partisan de la colonisation, il entre en conflit avec les Indiens shawnees. À la tête d'un millier d'hommes, il défait cette tribu le 7 novembre 1811 à la bataille de Tippecanoe et devient un vrai héros national. En 1812, il remporte la bataille de la rivière Thames, signant la fin des combats dans la région. Il est élu à la Chambre des représentants, puis au Sénat de l'Ohio, avant un bref mandat de ministre plénipotentiaire en Grande Colombie, où il correspond avec Simon Bolivar.

En 1829, Henry Harrison s'installe paisiblement dans une ferme de l'Ohio. En 1836, le parti whig l'investit pour l'élection présidentielle, mais il est battu par le démocrate Martin Van Buren. Quatre ans plus tard, il se représente contre le président sortant, au cours d'une campagne électorale moderne – avec slogans, meetings, affiches et gadgets. Âgé de 67 ans, Harrison met en avant ses exploits militaires contre un adversaire qu'il dépeint comme un représentant de l'élite et que ses partisans surnomment « Van Ruin », en référence au krach financier de 1837. Élu 9e président des États-Unis, il prête serment à Washington le 4 mars 1841. Ironie du sort, il prononce le plus long discours d'investiture de l'Histoire : près de deux heures !

On a longtemps prétendu qu'Harrison était tombé malade ce jour-là. En effet, malgré le temps froid et humide, le nouveau président est arrivé à cheval et non en calèche, sans manteau ni chapeau, pour prouver qu'il n'est pas un vieillard fragile. Il semble en réalité que son rhume se soit déclaré trois semaines plus tard. Toujours est-il que son état de santé se dégrade rapidement, se transformant en pneumonie et pleurésie. Ses médecins tentent de le soigner avec de l'opium, de l'huile de ricin et même des sangsues, mais ces traitements ne font qu'aggraver la maladie.

William Harrison s'éteint le 4 avril 1841, un mois à peine après son investiture. Son vice-président, John Tyler, lui succède. Cinquante-huit ans plus tard, son petit-fils, Benjamin Harrison, sera élu 23e président des États-Unis.

63.

Pourquoi le président américain James Monroe a-t-il laissé son nom à la capitale du Liberia ?

Au début du XXe siècle, on ne compte que deux pays africains non colonisés par les puissances européennes ou l'Empire ottoman. Le premier est l'Éthiopie de l'empereur Ménélik II, parvenu à repousser militairement l'invasion italienne en 1896. Le second est le Liberia, un État créé de toutes pièces par les États-Unis et dont les pays européens ont reconnu l'indépendance en 1847. Sa capitale s'appelle aujourd'hui Monrovia en l'honneur d'un président américain. Explications.

Lors des premières campagnes anti-esclavagistes de la fin du XVIIIe siècle, des sociétés philanthropiques anglaises proposent de renvoyer en Afrique les esclaves noirs d'Amérique devenus affranchis. C'est ainsi qu'en 1787, le Royaume-Uni achète un comptoir sur la côte ouest de l'Afrique, dans l'actuel Sierra Leone, et fonde la ville de Freetown, littéralement la « ville libre ». Une association, la *Sierra Leone Company*, est chargée du rapatriement des esclaves affranchis pour s'être engagés aux côtés des Britanniques pendant la guerre d'Indépendance des États-Unis. Après l'abolition de la traite des Noirs en 1807, le comptoir est transformé en une colonie anglaise, accueillant davantage d'Afro-Américains.

En 1816, James Monroe est élu président des États-Unis. C'est lui qui fixera la politique extérieure isolationniste, la fameuse « doctrine Monroe », prônant la non-intervention des États-Unis dans les affaires européennes (et qui perdurera jusqu'à la Première Guerre mondiale). Sur le plan intérieur, Monroe doit gérer cette épineuse question de l'esclavage qui divise déjà les États du Nord abolitionnistes à ceux du Sud. En 1820, le compromis du Missouri garantit provisoirement le *statu quo* entre abolitionnistes et esclavagistes, apaisant les tensions durant trois décennies. Parallèlement, Monroe préconise le retour des esclaves sur leur continent d'origine. En 1817, une association philanthropique américaine a été créée sur le modèle de l'anglaise : l'*American Colonization Society*. Elle achète sur la côte ouest-africaine, non loin de la Sierra Leone, un petit territoire à l'embouchure du fleuve Saint-Paul.

Entre 1822 et 1892, plus de 16 000 esclaves affranchis sont ainsi transférés des États-Unis vers la nouvelle colonie par la compagnie philanthropique. Mais les Américains vont aller encore plus loin que les Britanniques, en faisant de leur colonie une République indépendante, directement administrée par les anciens esclaves. Baptisé Liberia, cet État se dote d'une Constitution et devient en 1847 le premier pays africain officiellement reconnu par les puissances occidentales. Son drapeau est calqué sur celui des États-Unis, avec une seule étoile. Quant à sa capitale, elle est appelée Monrovia en souvenir du président James Monroe, à l'origine du projet.

64.

Pourquoi l'anesthésie a-t-elle été popularisée par la reine Victoria ?

Il est difficile d'imaginer aujourd'hui une opération chirurgicale douloureuse qui serait pratiquée sans anesthésie. Parce qu'elle permet de supprimer la douleur du patient, elle a bouleversé le monde de la médecine en autorisant des interventions jusque-là impossibles. Locale, régionale ou générale, par inhalation ou injection, elle est devenue une discipline médicale autonome. Mais se rappelle-t-on qu'elle fut très contestée quand elle fit son apparition au milieu du XIXe siècle ? Et que la reine Victoria contribua à sa popularisation ?

Pendant des siècles, les médecins se servirent d'alcool ou de glace comme anesthésiants, mais ces méthodes rudimentaires demeuraient peu efficaces contre les affreuses douleurs qu'engendraient les opérations. Ce sont les progrès de la chimie, au XIXe siècle, qui vont permettre la naissance de l'anesthésie moderne. En décembre 1844, le dentiste américain Horace Wells assiste au spectacle d'un chimiste itinérant qui démontre les effets du protoxyde d'azote, plus connu sous le nom de gaz hilarant. Pendant la démonstration, un spectateur qui en avait inhalé fait une chute et se plante un clou dans le mollet, apparemment sans ressentir la moindre douleur ! Stupéfait, Wells se procure le fameux gaz et, quelques jours plus tard, se fait arracher une molaire dans la même situation. À son tour, il ne ressent rien.

Dès lors, Wells s'attèle à démontrer les propriétés anesthésiantes du gaz hilarant. Mais, trop précipitées, ses expérimentations ne sont pas concluantes. Ses travaux inspirent toutefois son ancien associé, William Morton, qui a l'idée d'utiliser de l'éther. Après être parvenu à extraire une dent sans douleur, Morton procède le 7 novembre 1846 à Boston à l'amputation publique de la jambe d'une jeune fille de 18 ans. Grâce à l'anesthésie par éther, l'intervention ne dure que quelques minutes et s'achève par une *standing ovation* de l'assistance. En quelques semaines, sa méthode se répand dans tout le pays, ainsi qu'en Europe.

Cette incroyable découverte suscite notamment l'intérêt de l'obstétricien écossais James Young Simpson, qui voit en ce produit le moyen de réduire les douleurs de l'accouchement. Mais il ne tarde pas non plus à constater les effets dangereux de l'éther sur ses patientes et cherche à le remplacer par une substance moins nocive. En novembre 1847, il teste sur lui-même un composé chimique mis au point des années plus tôt : le chloroforme. Persuadé de son efficacité, il utilise ce produit sur une parturiente et publie aussitôt un compte rendu, qui convainc de nombreuses femmes.

Mais l'opposition à cette innovation est vive. D'abord de la part des médecins, qui s'inquiètent des effets secondaires et de la toxicité du produit. Ensuite de l'Église, pour qui cette pratique contredit le célèbre verset de la Genèse : « Tu enfanteras dans la douleur. » Cependant, en 1853, Victoria d'Angleterre décide d'avoir recours au chloroforme pour son huitième accouchement. Le 7 avril, son médecin, John Snow, anesthésie donc la reine en plaquant contre son nez et sa bouche un mouchoir imbibé de chloroforme. Cet événement médiatisé contribue aussitôt à clore les polémiques et à populariser l'anesthésie. Et quatre ans plus tard, Victoria récidivera : la princesse Beatrice naîtra dans les mêmes conditions.

65.

Pourquoi Prosper Mérimée joua-t-il les instituteurs à la cour de Napoléon III ?

Qui n'a jamais tremblé à l'école devant le redoutable exercice de la dictée ? Épreuve reine en France pour évaluer notre connaissance de la langue, elle a figuré dans de nombreux examens ou concours et elle est d'ailleurs toujours en vigueur au Brevet des collèges. Les plus ardues ne sont pas les très populaires dictées de Bernard Pivot, qui remontent à 1985. Bien avant, l'écrivain Prosper Mérimée soumit un jour à Napoléon III la plus difficile de l'Histoire.

Né en 1803, Mérimée suit une carrière de fonctionnaire d'État qui le mène en 1834 jusqu'au poste d'inspecteur général des Monuments historiques. C'est aussi un écrivain, un traducteur (de Pouchkine notamment) et un excellent nouvelliste. *Carmen* inspirera d'ailleurs le célèbre opéra de Georges Bizet. En 1844, Mérimée reçoit une des plus hautes reconnaissances publiques qui soit pour un auteur, en étant élu à l'Académie française, ainsi qu'à l'Académie des inscriptions et belles-lettres. Ami d'Eugénie de Montijo, rencontrée en Espagne, il est fait sénateur dès que celle-ci épouse Napoléon III en 1853. Et le voilà bientôt commandeur, puis grand-officier de la Légion d'honneur.

En 1857, Mérimée invente à la demande de l'impératrice une dictée pour distraire la cour de Napoléon III, réunie comme chaque année au château de Compiègne. Pour corser l'épreuve, l'écrivain truffe son texte de pièges orthographiques avec des mots rares, des faux amis, ou en ayant recours à des règles de grammaire obscures, faisant de cette dictée un modèle du genre qui passera à la postérité. En voici le début, tel qu'il sera publié par Léo Claretie en 1900 : « *Pour parler sans ambiguïté, ce dîner à Sainte-Adresse, près du Havre, malgré les effluves embaumés de la mer, malgré les vins de très bons crus, les cuisseaux de veau et les cuissots de chevreuil prodigués par l'amphitryon, fut un vrai guêpier. Quelles que soient et quelqu'exiguës qu'aient pu paraître, à côté de la somme due, les arrhes qu'étaient censés avoir données la douairière et le marguillier, il était infâme d'en vouloir pour cela à ces fusiliers jumeaux et mal bâtis et de leur infliger une raclée alors qu'ils ne songeaient qu'à prendre des rafraîchissements avec leurs coreligionnaires…* »

Les résultats de la dictée sont implacables : Napoléon III a commis 75 fautes, l'impératrice Eugénie 62, Alexandre Dumas fils 24 et l'académicien Octave Feuillet 19. Ironie du sort, c'est un étranger qui se classe premier : le prince de Metternich-Winneburg, ambassadeur d'Autriche et fils du célèbre ministre des Affaires étrangères et chancelier autrichien. Celui-ci réussit l'exploit de ne commettre que trois erreurs ! À l'annonce des résultats, Dumas se serait tourné vers le gagnant pour lui demander : « *Quand allez-vous, prince, vous présenter à l'Académie pour nous apprendre l'orthographe ?* » Plus récemment, en septembre 2003, à l'occasion du bicentenaire de la naissance de Mérimée, le présentateur littéraire Bernard Pivot, qui créa les championnats de France d'orthographe (les Dicos d'or), mit au point une dictée en hommage à l'écrivain, qu'il intitula comme il se doit la « dictée de Compiègne ».

66.

Pourquoi la bataille de Magenta a-t-elle donné son nom à une couleur ?

Contrairement à une idée répandue, les trois couleurs primaires ne sont pas – en photographie comme en imprimerie – le vert, le bleu et le rouge, mais le jaune, le cyan et le… magenta. Ce dernier est un pourpre qui tire plus sur le rouge que sur le bleu et se situe sur le cercle chromatique à l'opposé du vert. S'il est également appelé fuchsine, c'est bien sous le nom d'une bataille de Napoléon III qu'il est passé à la postérité. Pourquoi ?

En juillet 1858, au cours d'une entrevue secrète à Plombières (dans les Vosges), le Premier ministre piémontais Cavour, qui rêve de réaliser l'unité italienne, convainc Napoléon III d'intervenir au côté de son royaume en cas de guerre contre l'Autriche, qui occupe alors l'Italie du Nord. En échange, il est convenu de céder à la France deux territoires : la Savoie et le comté de Nice. L'Autriche envahit le Piémont en avril 1859 et l'empereur français, fidèle à ses engagements, déclare la guerre aux Autrichiens. Le 4 juin 1859, les deux armées se font face à Magenta, à l'ouest de Milan, et se lancent dans une bataille qui restera célèbre à tout jamais. À l'issue d'un combat difficile, durant lequel Napoléon III manque d'être fait prisonnier avec son état-major, les troupes franco-piémontaises parviennent à prendre la ville et infligent une défaite capitale aux Autrichiens. Le général Mac Mahon (futur président de la République) est fait maréchal et duc de Magenta, alors que les alliés entrent triomphalement à Milan quatre jours plus tard.

Quel lien ce conflit a-t-il donc avec la couleur ? Il faut savoir que trois ans auparavant, en 1856, le chimiste anglais William Henry Perkin a inventé le premier colorant synthétique de l'Histoire : la mauvéine. Réalisée à partir d'aniline, cette découverte a un retentissement considérable : pour la première fois, un colorant peut être fabriqué industriellement. Des chimistes se lancent à leur tour dans des expériences inédites. C'est le cas du lyonnais François-Emmanuel Verguin, contremaître dans une usine d'acide sulfurique et de vitriol à Saint-Maurice-l'Exil (Isère). Afin de créer une nouvelle couleur, celui-ci mélange l'aniline avec tous les réactifs qui lui tombent sous la main. C'est alors qu'il obtient en 1859, en chauffant ce produit avec du tétrachlorure d'étain, une substance pourpre semblable au fuchsia et qu'il baptise la « Magenta » en hommage à la victoire franco-piémontaise.

Malade et n'ayant pas les moyens d'exploiter lui-même sa découverte, Verguin vend son brevet à une entreprise mâconnaise de teinturerie pour la modique somme de 100 000 francs. L'un des nouveaux propriétaires, Joseph Renard, exploite ce colorant qu'il rebaptise « fuchsine », sans doute pour la ressemblance du magenta avec les fleurs de fuchsia. Ce produit, néanmoins commercialisé sous le nom de « magenta », ne tarde pas à révolutionner l'industrie des colorants. Beaucoup moins coûteux, il supplante la garance (extraite de la racine de la plante), dont on se servait alors pour colorer les pantalons de l'infanterie française. À l'heure de la révolution industrielle, la production de magenta ouvre la voie à de nombreuses industries chimiques qui s'installent peu à peu le long de la vallée du Rhône, dont la plus célèbre demeure Rhône-Poulenc !

67.

Pourquoi les habitants du 16e arrondissement de Paris ont-ils fait modifier le numéro de leur arrondissement ?

« Le 16e » est sans doute l'un des plus célèbres et prestigieux des arrondissements de Paris. Situé à l'extrême ouest de la capitale, il jouxte les communes de Neuilly-sur-Seine et de Boulogne-Billancourt, et a le privilège de disposer d'un vaste et agréable espace vert, le bois de Boulogne. Le flâneur y trouvera des lieux iconiques bien connus, tels la place du Trocadéro, le parc des Princes, le stade de Roland-Garros ou encore l'imposante Maison de la radio. S'il abrite le plus grand nombre d'ambassades, il est surtout connu et réputé pour sa population aisée. Mais sait-on que lors de leur rattachement à la capitale en 1859, les riches habitants de Passy et d'Auteuil ont souhaité modifier le numéro de leur arrondissement ? Et tout cela à cause d'un proverbe…

En 1795, Paris est divisée en douze arrondissements qui correspondent à peu près au découpage actuel. Ceux-ci sont alors délimités par une enceinte construite sous Louis XVI et baptisée « Mur des fermiers généraux ». En 1840, le président du Conseil Adolphe Thiers décide d'ériger une seconde enceinte qui rendrait la capitale imprenable en cas d'invasion. Achevées en 1844, ces nouvelles fortifications bien plus étendues englobent non seulement Paris, mais également vingt-quatre communes limitrophes : Montmartre, La Chapelle, La

Villette, Belleville, Charonne, Bercy, Montrouge, Vaugirard, Grenelle, Auteuil, Passy ou encore Batignolles-Monceau… bien que le tracé de l'enceinte – qui correspond à celui emprunté par l'actuel boulevard périphérique – coupe en deux la quasi-totalité de ces communes.

Sous le Second Empire, Napoléon III et son préfet le baron Haussmann engagent une grande politique de modernisation de la capitale, dont ils souhaitent agrandir la superficie aux dépens des communes limitrophes. Officialisée le 16 juin 1859, cette extension étend l'ancienne limite de la ville qui passe du Mur des fermiers généraux à l'enceinte de Thiers. Aussi, certaines communes se retrouvent-elles totalement absorbées par Paris, alors que d'autres ne sont que partiellement annexées. C'est à cette occasion que huit nouveaux arrondissements sont créés, numérotés de 13 à 20, suivant leur position géographique. À l'extrême ouest, les communes d'Auteuil et de Passy, désormais fusionnées, héritent en toute logique du numéro 13. Il n'en faut pas plus pour soulever l'opposition des habitants de ces riches communes, non par superstition, mais à cause d'un proverbe populaire. En effet, il faut savoir qu'à l'époque où Paris ne comptait que douze arrondissements, on avait coutume de dire « se marier à la mairie du 13e » pour parler de concubinage, situation peu louable dans les beaux quartiers !

Refusant que son arrondissement puisse être assimilé à cette pratique jugée inconvenante, le maire de Passy, Jean-Frédéric Possoz, propose de numéroter les arrondissements non pas d'ouest en est, mais en suivant une spirale partant du centre de Paris. Vite acceptée, sa proposition impose une nouvelle numérotation et le chiffre 13 se retrouve attribué aux quartiers populaires du sud-est de Paris, annexés aux villes d'Ivry et de Gentilly. Quant aux anciennes communes de Passy et d'Auteuil, elles héritent du numéro 16.

68.

Pourquoi les aventures d'Alice au pays des merveilles sont-elles nées d'une promenade en barque ?

Publié en 1865, *Alice au pays des merveilles* est l'un des plus célèbres romans de la littérature mondiale. On ne compte plus ses adaptations au cinéma, à la télévision, à la radio, en bande dessinée ou même en jeu vidéo. L'histoire est bien connue : voyant passer un lapin blanc vêtu d'une redingote et portant une montre à gousset, la jeune Alice décide de le suivre dans son terrier et découvre un monde merveilleux et absurde peuplé de personnages insolites. Ce livre, qui continue de fasciner petits et grands, fut improvisé par Lewis Carroll lors d'une promenade.

Charles Lutwidge Dodgson naît dans le Cheschire, au nord-ouest de l'Angleterre, en 1832. Fils d'un pasteur anglican, il est issu d'une famille de onze enfants, tous gauchers. Comme six de ses frères et sœurs, le jeune garçon est bègue. Élève à la Rugby School (où fut inventé quelques années plus tôt le fameux ballon ovale), Dodgson développe très tôt un esprit original et créatif. En 1855, il devient professeur de mathématiques au Christ Church College d'Oxford et commence à publier poèmes et articles dans diverses revues. C'est à cette époque qu'il choisit le pseudonyme de Lewis Carroll, forgé à partir de ses prénoms traduits en latin : Carolus Ludovicus.

Passionné de photographie, il se rend au printemps 1856 dans le jardin du doyen de l'université d'Oxford, Henry George Liddell, pour faire quelques clichés de la cathédrale. Carroll, qui enseigne aussi les mathématiques au fils aîné de Liddell, rencontre les filles du doyen et les photographie. Celles-ci deviennent ses modèles favoris. Carroll passe du temps avec elles, leur posant des devinettes ou leur racontant des histoires. Le 4 juillet 1862, il effectue une promenade en barque sur la Tamise avec les trois filles du doyen : Lorina 13 ans, Alice 10 ans, et Édith 8 ans. Partis d'Oxford, ils font route jusqu'au village de Godstow, à une dizaine de kilomètres de là. Alice Liddell réclame soudain une histoire. Le professeur de mathématiques improvise celle d'une petite fille tombée dans le terrier d'un lapin. Son récit terminé, la fillette est si enthousiaste qu'elle lui demande de coucher le récit sur le papier. Réticent, Carroll finit par accepter. Il mettra plus de deux ans avant d'achever son manuscrit.

Le 26 novembre 1864, Lewis Carroll offre en cadeau de noël à Alice Liddell un manuscrit soigneusement calligraphié et illustré, intitulé : *Les Aventures d'Alice sous terre*. Son ami George MacDonald lui conseille de proposer l'ouvrage à un éditeur. Son manuscrit étant trop court, Carroll rédige une deuxième version, pour laquelle il réalise toujours lui-même les illustrations. Ces dernières n'étant pas jugées assez bonnes, elles seront entièrement refaites par le dessinateur John Tenniel. L'ouvrage paraît en juillet 1865 sous le titre *Alice au pays des merveilles*. D'abord tiré à 2 000 exemplaires, il nécessite rapidement un second tirage. Six ans plus tard, l'auteur fera même paraître une suite à son best-seller : *De l'autre côté du miroir*, qui restera moins célèbre que le premier volume.

69.

Pourquoi Napoléon III
fut-il trahi par un épagneul ?

Célibataire lors de son élection à la présidence de la République en 1848, Louis-Napoléon Bonaparte ne se maria avec Eugénie de Montijo qu'en janvier 1853, quelques semaines seulement après avoir été couronné empereur. Il eut durant son règne plusieurs maîtresses demeurées célèbres : l'anglaise Harriet Howard qui lui permit de financer son coup d'État du 2 décembre 1851, l'espionne italienne Virginia de Castiglione qui joua un rôle déterminant dans sa décision de favoriser l'unité italienne, ou encore la comtesse de Mercy-Argenteau, une pianiste virtuose qui le réconforta lors de sa captivité en Allemagne en 1870. Quant à Marguerite Bellanger, elle provoqua la fureur de l'impératrice à cause d'un chien…

Née en 1838 dans une famille modeste du Maine-et-Loire, Julie Leboeuf exerce plusieurs petits métiers avant de tenter sa chance à Paris comme comédienne, sous le pseudonyme de Marguerite Bellanger. Actrice médiocre, « Margot la rigoleuse » est remarquée pour son physique avantageux. Elle devient l'une des demi-mondaines les plus recherchées de la capitale (elle sera citée par Émile Zola comme une amie de Nana dans le roman du même nom). Lors d'un après-midi orageux de juin 1863, elle rencontre Napoléon III au cours d'une promenade au parc de Saint-Cloud. En quelques rendez-vous, elle conquiert le cœur de l'empereur, qui l'invite dans une petite maison de la rue du Bac où il a l'habitude de recevoir ses maîtresses.

Bientôt, l'empereur installe sa favorite dans une maison de Passy, rue des Vignes, où il lui rend régulièrement visite. Lorsque la cour est à Saint-Cloud, Marguerite est logée à Montretout, à côté des jardins du château. La comédienne parvient à accompagner Napoléon III à Vichy, où il se rend chaque année depuis 1861 pour ses cures. Dans la station thermale, Marguerite s'installe à proximité du chalet impérial, dans la maison Bru (actuel Hôtel des Nations). À chaque visite, l'empereur ne manque jamais d'apporter un morceau de sucre à son épagneul noir. Le 23 juillet, l'impératrice Eugénie vient soudain perturber la routine des deux amants en débarquant à Vichy.

Quatre jours plus tard, par un bel après-midi, l'empereur se promène au bras de son épouse place Rosalie, devant une foule nombreuse. Soudain, un chien se précipite vers lui, manifestant d'affectueux signes de reconnaissance. L'épagneul de Marguerite vient de trahir les liens unissant l'empereur et la comédienne ! Furieuse, Eugénie rentre au chalet impérial sans un mot, laissant sur place un Napoléon III penaud à quelques mètres de sa maîtresse au visage déconfit. Au cours de la violente scène de ménage qui s'ensuit, l'impératrice hurle tantôt en français, tantôt en espagnol. Si elle se savait trompée, elle n'accepte pas que son infortune soit dévoilée publiquement et, surtout, que sa rivale soit une femme du peuple. Humiliée, elle retourne aussitôt à Saint-Cloud et ne remettra plus jamais les pieds dans la station. Napoléon III offrira à sa maîtresse le château de Villeneuve-sous-Dammartin (Seine-et-Marne), où celle-ci s'éteindra en 1886. Leur liaison dura jusqu'à la guerre de 1870.

70.

Pourquoi la famille d'Abraham Lincoln était-elle déjà liée par le destin à celle de son meurtrier ?

Ce 14 avril 1865, le président américain Abraham Lincoln se rend au Ford's Theatre de Washington pour assister à la pièce de Tom Taylor, *Lord Dundreary, notre cousin d'Amérique*. La guerre de Sécession, qui a déchiré les États-Unis pendant quatre ans, s'est terminée cinq jours plus tôt, avec la reddition du général sudiste Robert Lee. Durant l'acte III, un individu pénètre dans la loge présidentielle et tire une balle dans la nuque de Lincoln. Profitant de la confusion, il parvient à s'enfuir. Le meurtrier, abattu une semaine plus tard dans une grange de Virginie, est un comédien de 26 ans : John Wilkes Booth. Par un hasard extraordinaire, son propre frère avait quant à lui sauvé la vie du fils du président, quelques mois plus tôt.

Né en 1833, Edwin Booth appartient à une famille de comédiens anglais ayant émigré aux États-Unis. En 1851, il remplace son père souffrant dans *Richard III* de Shakespeare et s'y distingue en jouant de manière moins déclamatoire et plus réaliste. En quelques années, Booth s'impose comme l'un des meilleurs acteurs du pays. Lorsqu'en 1861 éclate la guerre de Sécession, Booth, partisan du président Abraham Lincoln, se range résolument dans le camp unioniste, à la différence de son frère John, qui s'engage du côté confédéré. Malgré leurs divergences, les deux frères se retrouvent le 25 novembre 1864 à l'affiche de la même pièce, *Jules César*. Edwin joue Brutus et John interprète Marc-Antoine.

Fin 1864, Edwin Booth va croiser sans le savoir la route de Robert Todd Lincoln. Le fils du président se trouve à la gare de Jersey City (New Jersey). Alors qu'il fait la queue sur le quai pour acheter son billet, le jeune homme de 20 ans attend son tour en s'adossant à un wagon immobilisé sur la voie. Brusquement, le train s'ébranle et déséquilibre le jeune homme, qui chute entre le quai et les rails. Heureusement, un homme le saisit par le col et le remonte sur le quai. Lincoln remercie chaleureusement celui qui vient de lui sauver la vie. Il reconnaît l'acteur Edwin Booth qui jouit d'une certaine notoriété. Celui-ci voyageait vers Richmond, en Virginie, en compagnie de son ami John T. Ford, propriétaire du Ford's Theatre de Washington (où sera assassiné le président américain).

Booth, quant à lui, ignore l'identité de celui qu'il a sauvé. Il ne l'apprendra qu'après l'assassinat commis par son frère. Cette nouvelle lui apportera une maigre consolation. Anéanti par le crime, il se retirera des planches pendant plusieurs mois, avant de faire son retour en janvier 1866 dans *Hamlet*. Devenu avocat, Robert Lincoln poursuivra de son côté une carrière politique, jusqu'à occuper le poste de secrétaire d'État à la Guerre sous la présidence de James Garfield. Marqué par le destin, il sera présent aux côtés du président en exercice lorsque celui-ci sera mortellement blessé par Charles J. Guiteau, le 2 juillet 1881. En 1909, Lincoln relatera l'épisode de Jersey City dans une lettre adressée à Richard Watson, rédacteur en chef de *The Century Magazine*.

71.

Pourquoi le géographe britannique George Everest a-t-il donné son nom au plus haut sommet du monde ?

Culminant à 8 848 mètres d'altitude, l'Everest est le plus haut sommet du monde. Situé dans la chaîne de l'Himalaya, à la frontière du Népal et de la Chine, il représente l'ultime défi pour les alpinistes. En soixante ans, seuls 4 000 d'entre eux ont réussi sa périlleuse ascension. Si les Tibétains l'appellent *Chomolungma* et les Népalais *Sagarmatha*, l'Everest doit ce nom à un géographe britannique.

Au début du XIXe siècle, les Britanniques se lancent dans l'ambitieux projet de cartographier leur vaste colonie des Indes. Cette entreprise est baptisée du nom très scientifique de « The Great Trigonometry Survey » et pilotée par le major William Lambton. Afin de dessiner leur carte, les Britanniques partent du sud du subcontinent et remontent lentement vers le nord. Pour leurs relevés, ils utilisent des théodolites, instruments pesant près d'une demi-tonne qui permettent d'établir une triangulation. Cette méthode a d'ailleurs été utilisée jusque dans les années 1980 pour mesurer des distances. À la mort de Lambton en 1823, c'est son assistant George Everest qui le remplace au poste de directeur du Service géodésique des Indes. En 1830, il est nommé arpenteur général et mène son expédition jusqu'au pied de l'Himalaya.

Cette chaîne de montagnes a été découverte par les Européens quelques décennies plus tôt. George Everest et son équipe espèrent pouvoir calculer sa hauteur, mais le Népal et le Tibet leur interdisent de pénétrer sur leur territoire. Aussi, les voilà contraints de mener leurs observations depuis le Terraï, une région marécageuse à plusieurs centaines de kilomètres des massifs. En 1843, Everest prend sa retraite et rentre à Londres où il devient membre de la Royal Society. Le major Andrew Waugh lui succède aux Indes et parvient à établir en 1847 que le plus haut sommet du monde est le Kangchenjunga, avec 8 588 mètres. Mais rien n'est certain puisqu'il repère bientôt, 230 km plus loin, un autre sommet d'une hauteur apparemment équivalente, appelé provisoirement « Pic XV ».

Le scientifique James Nicholson parvient à s'en approcher et réalise en 1849 de nouvelles mesures mais, victime de paludisme, il quitte malheureusement l'Inde avant de les compléter. Ses données sont reprises quelques années plus tard par Waugh qui, après maintes vérifications, envoie enfin en 1856 le résultat à la Royal Geographical Society. L'altitude du Pic XV est évaluée à 29 002 pieds. Pour être honnête, la hauteur réelle mesurée était de 29 000 pieds, or Waugh, craignant que ce chiffre trop rond ne parût suspect, ajouta 2 pieds, soit une altitude finale de 8 840 mètres. Ce sommet se présente donc à l'époque aux yeux des observateurs comme le plus haut du monde et Waugh le baptise « Everest » en l'honneur de son prédécesseur. En 1865, la Royal Geographical Society officialise le Mont Everest comme le « toit du monde ». Quant à son ascension, celle-ci sera entreprise pour la première fois par le néo-zélandais Edmund Hillary et son accompagnateur népalais, Tenzing Norgay, qui le gravissent le 29 mai 1953, trois jours avant le couronnement d'Élisabeth II.

72.

Pourquoi Napoléon III est-il à l'origine de la margarine ?

Moins utilisée que le beurre ou l'huile, la margarine n'en reste pas moins un ingrédient très populaire : chaque Français en consomme 2,6 kilos par an. Composée essentiellement de matière grasse végétale, elle ne contient pas de cholestérol et peut être cuite, intégrée dans une préparation, et même tartinée. Si la margarine est aujourd'hui commercialisée dans le monde entier, ce substitut au beurre doit sa création à l'empereur Napoléon III.

L'inventeur de la margarine s'appelle Hippolyte Mège-Mouriès. Né à Draguignan en 1817, ce fils d'instituteur commence son apprentissage chez un pharmacien avant de rejoindre Paris pour terminer ses études. Il travaille comme interne à la Maison royale de la Santé, tout en réalisant des expériences personnelles. Son premier brevet pour un médicament antivénérien à base de copahu reçoit l'approbation de l'Académie de médecine. Mais il délaisse peu à peu la pharmacie pour s'orienter vers la chimie. Il met ainsi au point des dragées carboniques pouvant remplacer les eaux minérales, ainsi qu'une combinaison de chocolat phosphaté et de semoule, qui sera primée par l'Académie des sciences et commercialisée jusque dans les années 1930.

Pionnier en matière de diététique, Mège-Mouriès se consacre, de 1854 à 1858, à l'amélioration de la fabrication du pain. Son pain blanc de première qualité obtient la médaille d'or de la Société impériale et centrale d'Agriculture. En 1861, Napoléon III lui remet personnellement la croix de chevalier de la Légion d'honneur, au cours d'une cérémonie aux Tuileries. Or, en 1869, l'empereur est informé que le beurre, aliment le plus essentiel à la cuisine après le pain, est inaccessible pour la classe ouvrière, compte tenu de son coût élevé et de ses difficultés de préservation. Il lance alors un grand concours visant à fabriquer un corps gras à destination des marins et des gens les plus modestes. Semblable au beurre mais de prix inférieur, le produit devra pouvoir se conserver longtemps, sans s'altérer ni perdre de sa valeur nutritive.

S'intéressant aux corps gras, Hippolyte Mège-Mouriès relève aussitôt le défi. Le chimiste mène des expérimentations dans sa ferme-laboratoire de Vincennes. Utilisant de la graisse de bœuf fractionnée, du lait et de l'eau, il réalise une émulsion blanche qu'il baptise « margarine », en référence au mot grec *margaron* qui signifie « blanc de perle ». Le 15 juillet 1869, son brevet est déposé. La guerre de 1870 reporte sa mise sur le marché à 1872. Mège-Mouriès améliore son produit en le barattant avec du lait additionné de beurre. En 1895, la production mondiale de margarine atteint 300 000 tonnes, soit 10 % de la production de beurre. À partir des années 1920, la graisse de bœuf sera remplacée par des huiles végétales, donnant naissance à la margarine que l'on consomme aujourd'hui.

73.
Pourquoi l'expression « Mort aux vaches ! » est-elle née lors de la guerre de 1870 ?

Les Français emploient une expression singulière pour brocarder les forces de l'ordre : *poulets.* Celle-ci est née en 1871 alors que Jules Ferry, à la suite d'un incendie provoqué par les communards, décide d'installer provisoirement le siège de la préfecture de Police de Paris dans la caserne de la Cité, construite sur l'emplacement de l'ancien marché aux volailles. C'est à la même époque qu'apparaît une nouvelle expression : « Mort aux vaches ! » Longtemps passible de poursuites, celle-ci n'a cependant rien à voir avec l'animal.

On lit parfois que cette invective remonterait à l'accession d'Henri IV au trône de France. Le prétendant étant protestant, les Parisiens refusent pendant cinq ans de lui ouvrir les portes de la capitale. Après s'être officiellement converti au catholicisme, le Vert-Galant peut enfin faire son entrée dans Paris, le 22 mars 1594. N'osant pas crier « Mort au roi ! », ses détracteurs auraient trouvé la parade avec « Mort aux vaches ! » car, sur le blason du Béarn, d'où Henri IV est originaire, figurent deux vaches. Mais cette anecdote est probablement erronée, puisque la première référence date de 1879.

Le roi de Prusse Guillaume Ier rêve d'achever l'unification allemande en rassemblant les États allemands du nord et du sud contre un ennemi commun. Le 19 juillet 1870, il pousse ainsi la France à lui déclarer la guerre. Après avoir subi plusieurs revers en août, Napoléon III est capturé à Sedan le 2 septembre. Deux jours plus tard, la République est proclamée à Paris. Le 10 mai 1871, Adolphe Thiers signe avec Bismarck le traité de paix de Francfort. La France est contrainte de payer une indemnité de guerre de cinq milliards de francs et de céder l'Alsace et la Moselle. Cette guerre marque une rupture dans les relations franco-allemandes. Les deux pays qui avaient jusque-là éprouvé une certaine sympathie l'un pour l'autre vont dorénavant se percevoir comme des ennemis irréductibles.

C'est pendant ce conflit que les soldats français, apercevant sur les postes de garde allemands le mot *Wache* (qui signifie « garde » ou « sentinelle »), auraient utilisé la formule « Mort aux Wache ! » pour apostropher leurs ennemis. La guerre terminée, l'expression se popularise chez les frontaliers, désignant par extension les hommes en uniforme. La francisation du mot « wache » en « vache » lui donne sa forme actuelle. Dans les années 1890, les anarchistes adopteront ce slogan, symbolisé par un tatouage en trois points entre le pouce et l'index.

74.
Pourquoi Louis-Napoléon Bonaparte, fils de Napoléon III et d'Eugénie, a-t-il été tué par des Zoulous ?

Un destin tragique va s'abattre sur les deux héritiers de Napoléon Ier et Napoléon III. L'assassinat du prince impérial Louis-Napoléon restera un drame terrible. Lors de la proclamation de l'Empire en 1804, on créa pour le fils aîné de l'empereur le titre de « prince impérial ». Deux personnes seulement portèrent ce titre : Napoléon II, fils de Napoléon Ier et de sa seconde épouse Marie-Louise d'Autriche (« l'Aiglon » de Victor Hugo), et Louis-Napoléon Bonaparte, fils unique de Napoléon III et de l'impératrice Eugénie. Le premier meurt à 21 ans de la tuberculose, le second est tué à 23 ans en Afrique du Sud.

Surnommé « Loulou » par l'impératrice Eugénie, Louis-Napoléon naît en 1856. Il a pour parrain le pape Pie IX et pour marraine la future « grand-mère de l'Europe », la reine Victoria. Sur les conseils de cette dernière, on lui attribue une nurse britannique, Miss Shaw, qui lui apprend l'anglais. Au palais des Tuileries, le prince passe une jeunesse heureuse. Mais les princes se doivent de grandir vite : aussi l'adolescent accompagne-t-il son père sur les champs de bataille, lors de la guerre franco-prussienne de 1870. Après la capture de Napoléon III à Sedan et la proclamation de la IIIe République, le prince impérial se réfugie en Belgique, puis rejoint sa mère en Angleterre. L'Assemblée nationale ayant voté la déchéance officielle de sa famille durant son exil, il ne peut plus revenir en France. Après de brillantes études à l'Académie militaire de Woolwich, le prince sort septième, en qualité de lieutenant.

C'est à la mort de son père, le 8 janvier 1873, que Louis-Napoléon devient l'héritier présomptif de l'Empire et concentre les espoirs du parti bonapartiste, au point d'être appelé par certains « Napoléon IV ». Le prince assume son rôle de représentant de la cause impériale et signe désormais du seul prénom de Napoléon. Le brillant prince a rendez-vous avec son destin. Le 22 janvier 1879, la bataille d'Isandhlwana oppose l'armée britanniques aux Zoulous d'Afrique du Sud. Plus de 800 soldats britanniques sont massacrés. Le drame soulève une immense émotion au Royaume-Uni et le prince impérial fait part de son désir de servir sa nation d'accueil. Il entend reprendre le flambeau de ses glorieux ancêtres qui se sont illustrés au combat.

La reine Victoria accède à son vœu et l'autorise le 24 février 1879 à partir à son tour en Afrique du Sud. Affecté à l'état-major comme officier adjoint, Louis-Napoléon engage le 1er juin 1879 une mission de reconnaissance. Alors qu'elle fait halte près d'une rivière, la troupe d'éclaireurs est surprise par des dizaines d'attaquants. Les Anglais réussissent néanmoins à s'enfuir, et dans l'empressement, le prince chute lourdement de cheval (la sangle de sa selle ayant appartenu à son père lors de la bataille de Sedan était hors d'usage). Le malheureux ne peut que continuer à combattre à terre. Le destin en a décidé ainsi, il finit par s'écrouler au sol, après avoir été transpercé de dix-sept coups de sagaie. Honorant sa bravoure, les Zoulous renoncent à mutiler son cadavre comme ils en ont la coutume. La dépouille du prince impérial est alors rapatriée au Royaume-Uni et inhumée avec les honneurs auprès de son père, à Farnborough (Hampshire).

La reine Victoria fera ériger un monument à sa mémoire dans la chapelle royale du château de Windsor, ainsi qu'une pierre tombale blanche en Afrique du Sud, à l'endroit précis où il est tombé. En 1880, l'ex-impératrice Eugénie se rend sur les lieux et y plante des chênes. C'est ainsi que le prince impérial fut le premier Bonaparte à mourir au combat.

75.

Pourquoi la reine de Siam s'est-elle noyée sous les yeux de ses sujets sans recevoir d'aide ?

Peu nombreux sont les souverains morts par noyade. Le plus célèbre d'entre eux est sans doute l'empereur germanique Frédéric Ier Barberousse qui, le 10 juin 1190, alors âgé de 68 ans et portant une lourde armure, aurait été victime d'hydrocution dans le fleuve Göksu (actuelle Turquie) au cours de la troisième croisade. Lors de la guerre des Deux-Roses[1] au XVe siècle, le duc de Clarence, condamné à mort pour avoir comploté contre son frère le roi d'Angleterre Edouard IV, aurait quant à lui opté pour une exécution étonnante : mourir immergé dans une barrique de vin de Malvoisie. Mais la noyade la plus tragique fut incontestablement celle de la reine de Siam, en 1880…

D'abord appelée Royaume de Siam, la Thaïlande est, avec la Malaisie, le Cambodge et le sultanat de Brunei, l'une des quatre dernières monarchies du Sud-Est asiatique. L'actuelle dynastie régnante, les Chakri, fut fondée en 1782 par le roi Rama Ier, qui installe sa capitale à Bangkok et impose une monarchie absolue qui perdurera jusqu'en 1932. Il faut aussi savoir que les souverains étaient polygames. Notre héroïne, Sunandha Kumariratana, née en 1860, est la fille aînée du

1. Voir *Les Pourquoi de l'Histoire 2.*

roi Rama IV, qui règne sur le Siam de 1851 à 1868. À la mort de ce dernier en 1868, son fils âgé de 15 ans lui succède sous le nom de Rama V. Voilà que Sunandha doit alors épouser son demi-frère et partager son mari avec trois autres épouses, dont deux choisies parmi les sœurs cadettes : Savang Vadhana et Saovabha Phongsri, qui deviendra d'ailleurs en 1897 la premièrc femme régente de Thaïlande.

Sunandha est très aimée de ses sujets, d'autant qu'elle donne naissance en 1878 au premier enfant royal : Kannabhorn Bejaratana. Deux ans plus tard, son tragique destin la rattrape. Le 31 mai 1880, alors que la reine regagne en bateau sa résidence d'été, le palais royal de Bang Pa-In, situé dans le sud de la province d'Ayutthaya, son navire chavire dans le fleuve. Sunandha sombre avec sa fille âgée d'un an. Si de nombreux témoins assistent à la scène et que certains tentent de lui venir en aide, un garde se trouvant sur un autre bateau leur ordonne de ne pas chercher à la secourir. En effet, selon la règle de la cour, à l'exception du roi, personne n'a le droit de toucher la reine, sous peine de mort ! Aussi, sans assistance, Sunandha et sa fille meurent-elles noyées sous les yeux désespérés de leurs sujets.

Bouleversé par cette tragédie, Rama V fait aussitôt abolir la maudite règle et punit le garde qui l'a fait appliquer de manière aussi stricte. Pour ne jamais oublier ce funeste accident, le roi de Siam fera plus tard ériger un mémorial en marbre au palais royal de Bang Pa-In en hommage à Sunandha et à sa fille. Aujourd'hui, une université de Bangkok porte en son souvenir le nom de la reine défunte.

76.

Pourquoi le président Jules Grévy a-t-il laissé son nom à une espèce de zèbres ?

Les zoologistes dénombrent trois principales espèces de zèbres, dont celle des plaines est la plus commune. Dits zèbres de Burchell, on en compte aujourd'hui environ 650 000 en Afrique australe et orientale. La deuxième est le zèbre des montagnes, qui vit uniquement en Afrique du Sud et en Namibie. Enfin, le zèbre de Grévy, qui vit dans les savanes du nord du Kenya et en Éthiopie, est la plus menacée des trois, puisque sa population a chuté de 75 % en quarante ans. D'une taille supérieure, il se distingue aussi des autres espèces par sa longue crinière hérissée, ses grandes oreilles, ses rayures plus fines, ainsi que par sa tête longue et étroite qui le fait ressembler à un âne. Mais quel rapport avec Jules Grévy, l'un de nos présidents de la République ?

Le zèbre de Grévy aurait été identifié durant l'Antiquité et les Romains s'en seraient même servis dans leurs cirques. Il est aussi représenté sur une tapisserie occidentale, où il apparaît dans une scène de la Nativité, à côté de Jésus à la place de l'âne. Sa première mention remonte quant à elle au début du XVIIe siècle, dans un ouvrage du naturaliste italien Ulisse Aldrovandi. À cette époque, l'empereur d'Éthiopie fit cadeau de plusieurs zèbres de cette espèce au sultan ottoman. L'un des premiers Européens à le découvrir vivant est le voyageur français Jean de Thévenot, celui qui, pour l'anecdote, introduisit le café à Paris.

Alors qu'il se trouve au Caire en 1656, Thévenot tombe sur un animal qu'il n'a jamais vu, offert au sultan par l'empereur d'Éthiopie. Le Français est fasciné par cet « âne » au pelage zébré et aux fines rayures pas plus larges qu'un doigt. Il affirmera même que son pelage est plus admirable que celui d'un tigre ou d'un léopard. Quelques années plus tard, il est évoqué par l'orientaliste allemand Hiob Ludolf qui le baptise « zecora », ainsi que par le jésuite portugais Balthazar Tellez. En 1860, l'explorateur britannique James Augustus Grant (qui donnera son nom à la plus majestueuse espèce de gazelle) signale à son tour l'existence de ce type de zèbres en Abyssinie.

Suite à l'ouverture du canal de Suez en 1869, l'Éthiopie suscite les convoitises, en particulier de l'Égypte et de l'Italie. Pour dissuader toute tentative d'invasion, le negus – titre de noblesse éthiopien équivalent du roi – du Shewa, Ménélik II, veut moderniser son royaume. Intéressé par la technologie occidentale, il noue de bonnes relations avec les Français, lesquels entendent développer leur comptoir de Djibouti et construire une ligne de chemin de fer qui traverserait l'Abyssinie. Pour marquer ce rapprochement, Ménélik II envoie un zèbre en cadeau au président de la République française, Jules Grévy. L'animal débarque en France en 1882 après un long voyage en bateau : il est confié au Jardin des Plantes du Muséum national d'Histoire naturelle. Or, c'est à cette occasion que le zoologiste Émile Oustalet constate que l'animal appartient à une espèce jamais répertoriée jusqu'alors. Il s'attache donc à le décrire de manière scientifique pour la première fois et, en hommage, lui attribue le nom de « zèbre de Grévy ». Si le nom demeure, le spécimen présidentiel est malheureusement mort quelques jours après son arrivée à Paris.

77.

Pourquoi Grover Cleveland est-il le plus atypique des présidents américains ?

Le président Grover Cleveland détient plusieurs records insolites : il est l'unique candidat démocrate élu pendant l'hégémonie républicaine entre 1860 et 1912, le seul président aux deux mandats non consécutifs, et le seul à se marier à la Maison-Blanche, au bras de la plus jeune *First Lady* de l'Histoire américaine. Surtout, il est le seul président qui, dans le passé, a été bourreau.

Grover Cleveland naît en 1837. Fils d'un pasteur presbytérien, il débute sa carrière comme avocat à Buffalo (État de New York) en 1859. Nommé assistant du procureur, il est apprécié pour sa détermination et son opiniâtreté. Le jeune homme est élu shérif du comté d'Érié en 1870. En 1872, au cours de son mandat, un garçon de 28 ans est condamné à la pendaison pour avoir tué sa mère en la poignardant. En tant que shérif, Cleveland exécute lui-même la sentence, même s'il aurait pu déléguer cette tâche (contre une somme équivalant à 2 800 dollars actuels). L'année suivante, il pendra un second criminel.

Son mandat achevé, Cleveland reprend son activité d'avocat. Réputé pour sa probité, il est désigné en 1881 candidat démocrate à la mairie de Buffalo. Élu avec une large majorité, il lutte contre le clientélisme et se forge une réputation de politicien honnête. L'année suivante, il est élu gouverneur de l'État de New York, avec un suffrage record. Poursuivant sa lutte contre le gaspillage des fonds publics, il met son veto à plusieurs projets contestés. En 1884, il est investi par son parti candidat à l'élection présidentielle. Face au républicain James Blaine accusé de corruption, Cleveland fait campagne sur sa réputation de probité. Grâce à sa victoire, les démocrates reviennent au pouvoir après presque trente ans d'absence.

Le 2 juin 1886, Cleveland épouse à la Maison-Blanche une étudiante de 27 ans sa cadette. Âgée de 21 ans, Frances Folsom devient la plus jeune *First Lady* de l'Histoire – et la première à donner naissance durant le mandat de son mari. Lors de l'élection présidentielle de 1888, Cleveland est battu par Benjamin Harrison, alors qu'il a obtenu plus de suffrages que lui. Quatre ans plus tard, il se représente face au président sortant. L'épouse du président Harrison décédant deux semaines avant le scrutin, Cleveland arrête alors sa campagne, ce qui ne l'empêche pas d'être réélu et de retrouver la Maison-Blanche en mars 1893.

Quelques mois plus tard, on lui diagnostique une tumeur à la mâchoire. Du fait de la grave crise économique que traverse le pays, le président décide de se faire opérer dans le plus grand secret pour éviter une panique des marchés. L'intervention a lieu le 1er juillet 1893 sur un yacht au large de Long Island. Cette opération ne sera révélée qu'en 1917. Refusant de briguer un troisième mandat, Cleveland quitte la Maison-Blanche le 4 mars 1897. Il mourra dix ans plus tard.

78.

Pourquoi la statue de la Liberté est-elle liée au mot « gadget » ?

Désignant un objet nouveau et insolite, le plus souvent d'une utilité relative, le mot « gadget » a une origine étonnante. Rares sont ceux qui savent que ce terme est apparu aux États-Unis en 1886, année de l'inauguration de la statue de la Liberté, à laquelle il est lié. Pourquoi une telle connexion a-t-elle été établie ?

En fait, ce mot aurait été forgé à partir du nom, américanisé, de l'un des concepteurs français du monument : un certain Émile Gaget. Car on a tendance à l'oublier, mais la statue de la Liberté est française ! En avril 1865, pour célébrer le centenaire de l'Indépendance américaine, le député Édouard de Laboulaye propose d'offrir aux États-Unis une statue gigantesque qui scellerait l'amitié entre les deux nations. Une fois retenu, le projet est confié au sculpteur Auguste Bartholdi qui embarque pour des repérages sur place en 1871. Celui-ci sélectionne une petite île inhabitée à la pointe de Manhattan, face au continent européen, appelée à l'époque Bedloe's Island, et rebaptisée depuis, en toute logique, *Liberty Island.* Après validation par le Congrès américain, il est décidé que les Français fabriqueront la statue et les Américains son piédestal.

Bartholdi fait appel à un ingénieur bien connu, Gustave Eiffel, pour construire la structure interne en fer forgé.

300 plaques de cuivre de 2 mètres par 3 et de 2,5 mm d'épaisseur sont réalisées par l'entreprise Gaget & Gauthier. Spécialisée dans les travaux d'arts en plomb et en cuivre, celle-ci avait restauré quelques années plus tôt la colonne Vendôme. Dans ses ateliers situés rue de Chazelles dans le 17e arrondissement de Paris, les plaques de cuivre sont stockées avant d'être assemblées, fixées sur l'armature et rivées les unes aux autres par un système d'écrous invisibles de l'extérieur.

L'ouvrage a pourtant failli ne jamais voir le jour. La difficulté à recueillir des fonds des deux côtés de l'Atlantique ralentit considérablement les travaux et, lors de l'exposition du Centenaire de 1876, seul le bras tenant la torche est envoyé aux États-Unis ! Pour promouvoir le futur monument et boucler son financement, l'entreprise Gaget & Gauthier à l'idée insolite de réaliser des miniatures de la statue et de les vendre aux Parisiens. En 1884, la statue est enfin terminée et d'abord exposée un an dans la capitale. La tour Eiffel n'ayant pas encore été édifiée, elle est alors le monument le plus haut de Paris et reçoit même la visite de Victor Hugo pour l'une de ses dernières apparitions publiques avant son exil. Son socle enfin terminé, la statue est démontée pour être transférée aux États-Unis au printemps 1885. Elle est finalement inaugurée le 28 octobre 1886 par le président Cleveland.

Présent pour l'inauguration, Émile Gaget a apporté avec lui des miniatures du monument, au socle gravé du nom de l'entreprise. Parmi les 600 invités, tous réclament ce « Gaget », cet étonnant objet dont la prononciation américaine va transformer le nom en « gadget » et lui conférer la postérité qu'on lui connaît. Précisons que certains historiens soutiennent que le terme a une origine antérieure, provenant d'une déformation de « gâchette », qui désigne un petit mécanisme. Pendant la Seconde Guerre mondiale,

Gadget servira malheureusement de nom de code à une invention bien plus sinistre : celle de la première bombe atomique de l'Histoire, testée en juillet 1945 dans le désert du Nouveau-Mexique.

79.

Pourquoi la Côte d'Azur doit-elle son nom à la Côte d'Or ?

La Côte d'Azur est l'un des plus hauts lieux touristiques en France et ses majestueuses stations balnéaires comme Cannes, Antibes, Saint-Raphaël, Sainte-Maxime et, bien sûr, Saint-Tropez, participent au rayonnement de notre pays dans le monde entier. Si Nice est généralement considérée comme sa capitale, sa délimitation géographique en revanche reste floue. On a l'habitude de faire débuter la Côte d'Azur à la frontière italienne à l'est, pour la prolonger à l'ouest jusqu'à Hyères, Bandol ou même Cassis, selon les avis. Car en réalité, cette région n'a jamais été définie par un géographe, mais par un écrivain, Stéphen Liégeard, originaire de Bourgogne...

Jusqu'à la fin du XIXe siècle, une partie de l'actuelle Côte d'Azur était appelée la Riviera. Les Anglo-Saxons l'appellent d'ailleurs toujours la *French Riviera*. Le mot génois signifiant « rivage » désignait la côte ligure, allant de l'est de Nice jusqu'à l'île d'Elbe. Réputé pour la douceur de son climat en été comme en hiver, ce littoral était un lieu de villégiature très prisé. Après sa carrière administrative bien remplie, Liégeard en tombe lui aussi amoureux.

Né à Dijon en 1830, Stéphen Liégeard exerce d'abord la profession d'avocat, avant d'embrasser des fonctions préfectorales. Sous-préfet à Briey (Meurthe-et-Moselle), puis à

Parthenay (Deux-Sèvres), il est enfin nommé à Carpentras (Vaucluse) en 1864. Il y rencontre Alphonse Daudet qui, découvrant un jour des vers sur le bureau du haut fonctionnaire, s'en inspire pour le personnage du *Sous-préfet aux champs*, conte publié dans les célèbres *Lettres de mon moulin*.

Fervent bonapartiste, Liégeard quitte l'administration en 1867, pour se lancer dans la politique. Il est élu député de la Moselle et réélu en 1869. Mais l'année suivante, le Second Empire s'achève et Liégard, fidèle à ses convictions, quitte la vie politique. Il reprend ses fonctions d'avocat et s'accorde davantage le loisir de se consacrer à la littérature. En 1875, sa femme hérite de la villa des Violettes, une agréable demeure à Cannes dans laquelle le poète prend l'habitude de passer l'hiver. En parfait dandy, il profite de ses séjours pour parcourir les magnifiques rivages de la Méditerranée. Séduit par le littoral, il le surnomme « Côte d'Azur », en référence à son département d'origine, la Côte-d'Or. Il publie en 1887 *La Côte d'Azur*, où il décrit avec inspiration les villes et les sites qu'il admire entre Marseille et Gênes, ouvrage qui connaît un grand succès. En 1894, pour une édition augmentée, Liégeard en profite pour s'autoriser une touche d'humour en constatant dans son avant-propos que « *le dictionnaire s'est augmenté d'un mot* ».

Le nom de Côte d'Azur est même reconnu de manière officielle en 1960 lors de la création de la région Provence-Alpes-Côte d'Azur. Quant à Stéphen Liégeard, son nom a été donné à des avenues de Nice, Hyères ou Cannes. Pour l'anecdote, le nom de la Côte d'Or fut quant à lui créé en 1790 par le député et avocat dijonnais Charles-André-Rémy Arnoult, en référence à la teinte dorée que prennent en automne les célèbres vignes de la région, la Côte de Nuits au nord et la Côte de Beaune au sud.

80.

Pourquoi les compagnies de chemins de fer ont-elles imposé l'heure unique sur le territoire ?

Voilà à peine plus d'un siècle que les Français (de la métropole) vivent à la même heure ! Jusqu'au progrès de l'horlogerie au XVIIIe siècle, le seul moyen de connaître l'heure était l'utilisation du cadran solaire. Or, le soleil se déplaçant d'est en ouest, il n'atteint pas son zénith au même moment partout dans le pays. Entre Strasbourg et Brest, le décalage peut atteindre plus de 48 minutes. Dans un monde où l'on se déplaçait à la vitesse du cheval et où la population était quasiment sédentaire, ces écarts ne portaient guère à conséquence. Mais la révolution industrielle bouleverse les habitudes au XIXe siècle…

C'est en 1804 que la première voie ferrée de l'Histoire est construite au Pays de Galles. En France, il faut attendre 1827 pour voir mise en service une ligne de chemin de fer entre Saint-Étienne et Andrézieux, à une vingtaine de kilomètres. Si celle-ci est réservée au transport des marchandises, la première dédiée aux voyageurs est inaugurée le 24 août 1837 par la reine Marie-Amélie, épouse de Louis-Philippe. Longue de 18 km, elle relie Paris au Pecq, une commune de la banlieue ouest de Paris, en 25 minutes. Le succès de ce nouveau moyen de transport est immédiat. Un peu plus de dix ans plus tard, en 1848, le réseau s'est considérablement développé et la France compte près de 2 000 km de voies ferrées. En 1860, toutes les grandes liaisons sont sur le point d'être terminées et les villes principales se retrouvent presque toutes reliées entre elles. Mais les trains rencontrent une difficulté de taille, puisque chaque localité a sa propre heure, calculée à partir du soleil. Or, ils ont besoin de fonctionner avec des horaires réguliers et précis, afin d'éviter retards et collisions.

Outre-Manche, les compagnies de chemin de fer britanniques décident dès 1840 de régler leurs horloges sur celle de Londres. En 1855, quasiment toute la Grande-Bretagne est ainsi réglée sur l'heure du célèbre *Big Ben*. S'inspirant de leur exemple, les compagnies françaises choisissent de privilégier l'heure de Paris. Mais l'ajustement des horaires va se faire selon un enchaînement bien étonnant. Dans chaque gare se trouvent alors deux horloges : l'une indiquant l'heure locale et l'autre celle de la capitale. Cependant, afin d'éviter toute réclamation de voyageur, on décide de retarder les trains de 5 minutes sur l'horaire officiel. Ils ne sont par conséquent réglés ni sur l'heure locale, ni sur celle de Paris, mais sur celle de… Rouen ! C'est ainsi que durant plusieurs années, le départ d'un même train s'effectuera à trois heures différentes.

Ce n'est qu'à partir des années 1880 que les horloges publiques de nombreuses villes françaises cessent d'afficher l'heure locale au profit de l'heure parisienne. Mais sur le quai de certaines gares se trouvent parfois encore trois horloges : l'une pour l'heure locale, l'autre celle de Paris et une troisième indiquant l'heure de départ réelle du train… Il faudra finalement légiférer pour harmoniser l'heure sur le territoire national. Une loi est votée le 14 mars 1891 pour instaurer l'heure de Paris comme la seule légale dans l'Hexagone, ainsi qu'en Algérie.

81.

Pourquoi l'invention du cinématographe fut-elle fatale à la duchesse d'Alençon, sœur de Sissi ?

Sœur préférée de l'impératrice Sissi, Charlotte Auguste de Wittelsbach eut un destin aussi tragique que son aînée. D'abord fiancée au célèbre Louis II de Bavière avant d'être éconduite, elle épousa finalement le prince Ferdinand d'Orléans, duc d'Alençon et petit-fils de Louis-Philippe. Sa mort brutale survint en 1897, un an seulement avant l'assassinat de sa sœur, au cours du grand incendie du Bazar de la Charité, une vente de bienfaisance. Mais saviez-vous que cette tragédie fut provoquée par le cinématographe, inventé à peine deux ans plus tôt ?

Le Bazar de la Charité, créé en 1885, regroupe plusieurs œuvres caritatives dont le principe repose sur la vente de divers objets de lingerie au profit des plus démunis. D'abord installé rue du Faubourg Saint-Honoré, il est transféré en 1897 rue Jean-Goujon, près des Champs-Élysées. C'est un vaste hangar, partagé par une allée de près de 80 mètres, bordée de vingt-deux comptoirs. Plus étonnant encore : son décor de rue médiévale, composé de bois, de papier mâché et de toile goudronnée. Mais surtout, le Bazar propose, dans un local situé au fond du hangar, un spectacle de cinématographe, la grande nouveauté de l'époque ! Pour 50 centimes, on peut assister à la projection de plusieurs films des frères Lumière, les célèbres inventeurs de cette prouesse technique. Le drame se produit le 4 mai 1897, deuxième jour des ventes. La duchesse d'Alençon, qui vient de fêter ses 50 ans, honore l'événement de sa présence et tient elle-même le stand des noviciats dominicains. On compte plus de 1 200 personnes sous la halle, en grande majorité des gens appartenant à la haute société.

Vers 16 h 30, un incendie se déclenche dans la cabine de projection du cinématographe, où l'appareil fonctionnant à l'éther était sans doute mal isolé. Il n'en faut pas plus pour que le rideau qui sépare l'appareil du public ne s'enflamme aussitôt. Le feu se propage rapidement aux boiseries, puis au velum goudronné qui sert de plafond, transformant le Bazar en un véritable brasier. Prise de panique, la foule fuit dans le plus grand désordre et ceux qui ont le malheur de trébucher et de tomber au sol sont piétinés. La duchesse, dont le stand est situé à une extrémité de la galerie, dans une grande clairvoyance dirige ses compagnes vers la porte principale en tenant absolument à sortir la dernière... C'est avec une incroyable dignité que la sœur de Sissi meurt dans les bras de la comtesse de Beauchamp, alors que son sens du sacrifice sauve la vie des dames et des jeunes filles qui la secondaient...

À l'issue de l'incendie, qui ravagea le hangar en moins d'un quart d'heure, une centaine de cadavres calcinés sont découverts. Celui de la duchesse, méconnaissable, est identifié grâce à sa dentition et son bridge en or, ce qui selon certains constituerait le premier cas d'odontologie médico-légale. L'incendie coûta la vie à 126 personnes, presque toutes des aristocrates dont les robes, très longues, s'étaient enflammées et les avaient empêchées de fuir. En mémoire de ce funeste événement et à l'initiative de l'archevêque de Paris, une chapelle commémorative, Notre-Dame-de-la-Consolation, sera construite à l'emplacement du Bazar et inaugurée le 4 mai 1900. Quant aux projections publiques de cinématographe, elles seront interdites pendant quelques temps avant que les frères Lumière ne perfectionnent leur invention et mettent au point un système de lampe électrique, empêchant une telle catastrophe de se reproduire.

82.

Pourquoi le naufrage du *Titanic* était-il écrit avant la catastrophe ?

Le naufrage du *Titanic* est sans aucun doute la plus célèbre catastrophe maritime de l'Histoire, ou du moins celle qui a marqué à jamais les esprits. Survenue au large de Terre-Neuve dans la nuit du 14 au 15 avril 1912 et ayant causé la mort de 1 502 passagers et membres d'équipage, elle n'est pourtant pas la plus meurtrière. Lors de la Seconde Guerre mondiale, un sous-marin soviétique torpilla le 30 janvier 1945 le paquebot allemand *Wilhelm Gustloff* dans la mer Baltique. On dénombra plus de 9 000 victimes, en majorité des civils. Mais le *Titanic*, qui réalisait là sa traversée transatlantique inaugurale, était le plus gigantesque engin mobile jamais construit et, surtout, présenté comme insubmersible par ses constructeurs ! Or, quatorze ans avant le drame, un roman avait relaté une histoire étrangement similaire…

En 1898, l'américain Morgan Robertson publie un roman intitulé *Futilité*. C'est en fin connaisseur du milieu maritime qu'il y raconte l'histoire d'un paquebot dénommé *Titan*, le plus grand navire de son époque, qui sombre en entraînant la mort de milliers de passagers. Si à sa sortie le livre demeure confidentiel, il refait parler de lui après le naufrage du *Titanic*, tant les similitudes entre la fiction et la catastrophe sont troublantes. Les deux paquebots ont non seulement des noms très proches, mais aussi des dimensions équivalentes : 240 mètres pour le *Titan* contre 269 pour le *Titanic*. Ils sont tous deux réputés insubmersibles et tentent de battre le record de traversée de l'Atlantique. Pire, aucun ne comporte assez d'embarcations de secours en cas de naufrage : alors qu'il peut transporter près de 3 000 passagers, le *Titan* ne dispose que de canots pour 500 personnes ; quant au *Titanic*, la capacité de ses 20 chaloupes ne lui permet d'accueillir que la moitié de ses passagers.

Et les points de ressemblance ne s'arrêtent pas là. Les circonstances dans lesquelles se produisent ces deux catastrophes maritimes sont très proches dans le détail. Elles surviennent toutes les deux de nuit, dans l'Atlantique Nord, au mois d'avril. Elles sont provoquées par des icebergs – qui demeure une cause de naufrage rarissime – que les deux navires heurtent par tribord, trente secondes seulement après les avoir repérés. Enfin, l'ampleur du drame est équivalente avec 2 000 disparus pour le *Titan* et 1 500 pour le *Titanic*. Ironie du sort, le journaliste anglais William Thomas Stead figurait parmi les victimes du *Titanic*, lui qui, quatorze ans plus tôt, avait conclu sa critique du livre de Robertson par cette phrase : « *C'est exactement ce qui pourrait se passer si les grandes compagnies de paquebots persistaient à ne pas prévoir assez de chaloupes de sauvetage pour tout le monde !* »

Certains détails distinguent cependant les deux naufrages. Si le *Titanic* en était à son voyage inaugural, le *Titan* parcourt sa troisième traversée et coule aussitôt après l'impact, contrairement au *Titanic* qui sombra 2 h 40 après la collision. Quoiqu'il en soit, l'auteur semble avoir un certain don de l'anticipation puisqu'en 1914, Robertson publie une seconde nouvelle prémonitoire. Intitulée *Beyond the Spectrum*, elle raconte, 27 ans avant Pearl Harbour, une guerre future entre les États-Unis et le Japon. Dans ce second texte visionnaire, le Japon ne déclare toutefois pas formellement la guerre aux États-Unis, mais lance plusieurs attaques surprises contre des navires américains en route pour Hawaï et les Philippines… Voilà une fois encore une bien étrange coïncidence !

83.

Pourquoi Marguerite Steinheil fut-elle surnommée « la pompe funèbre » ?

Sur les vingt-quatre présidents de la République qui se sont succédé à l'Élysée depuis 1848, quatre sont morts en cours de mandat. Si Sadi Carnot et Paul Doumer furent assassinés sous la IIIe République, Georges Pompidou décéda en 1974 des suites d'une longue maladie. Quant à Félix Faure, il fut le seul président à s'éteindre au sein même du palais de l'Élysée. Mais ce sont surtout les circonstances vaudevillesques de son décès qui ont fait de lui le plus célèbre des présidents de la IIIe République.

Élu le 17 janvier 1895, Félix Faure est surnommé le « Président-Soleil » en raison de son goût pour le faste. Il rencontre deux ans plus tard, à Chamonix, Marguerite Steinheil, l'épouse du peintre Adolphe Steinheil. D'un caractère volage, la jeune femme âgée de 28 ans devient la maîtresse du président et le rejoint régulièrement dans le salon bleu, une pièce discrète située au rez-de-chaussée de l'Élysée. Le 16 février 1899, à l'issue du Conseil des ministres, Félix Faure s'apprête à la rejoindre dans ce fameux lieu dérobé et absorbe pour l'occasion une pilule aphrodisiaque dont les effets secondaires sont pourtant connus et réputés dangereux.

Mais rien ne se déroule comme prévu ! Le président reçoit d'abord la visite soudaine de l'archevêque de Paris, puis d'Albert Ier de Monaco venu plaider la cause de Dreyfus. Agacé par ces contretemps, Félix Faure avale une seconde pilule de l'amour et rejoint enfin sa maîtresse. Alerté par des coups de sonnette, le personnel découvre le président inconscient, étendu sur le divan, le pantalon baissé, la main crispée dans la chevelure de sa maîtresse. À moitié nue, celle-ci s'empresse de réajuster ses vêtements. Et pour éviter le scandale, elle quitte en hâte le palais, oubliant même son corset. Le président décède quelques heures plus tard, et la nouvelle ne tarde pas à se répandre comme une traînée de poudre, générant son lot de plaisanteries et de bons mots.

On raconta ainsi qu'un prêtre fut aussitôt convoqué et qu'une fois arrivé sur les lieux pour les derniers sacrements, il aurait demandé : « *Mais le président a-t-il toujours sa connaissance ?* » Et un garde de lui répondre : « *Non, on l'a fait sortir par derrière.* » Ajoutant une touche d'humour à la rumeur publique affirmant qu'une fellation avait provoqué l'orgasme fatal de Félix Faure, son ennemi Clemenceau déclara : « *Il voulait être César, il ne fut que Pompée.* » Cela valut à Marguerite Steinheil d'être surnommée par les chansonniers « la pompe funèbre ».

La mort loufoque du président n'arrêta pas pour autant les désirs de Marguerite Steinheil qui devint par la suite la maîtresse de plusieurs personnalités notoires, dont Aristide Briand et le roi du Cambodge. Elle se retrouvera à nouveau mêlée dix ans plus tard à une sordide affaire, puisque le 31 mai 1908, son mari est retrouvé étranglé à son domicile. Soupçonnée d'avoir organisé son assassinat, l'ex-favorite présidentielle est arrêtée. Toutefois, faute de preuves et à l'issue d'un procès très médiatisé, elle est acquittée un an plus tard avant d'émigrer à Londres où elle épouse un baron anglais.

84.

Pourquoi le président Theodore Roosevelt est-il à l'origine de la mode des ours en peluche ?

Longtemps considéré en Europe comme le roi des animaux, l'ours est l'emblème de nombreux pays. Il a donné son nom aux villes de Berne et de Berlin, ainsi qu'à deux constellations facilement observables : la grande et la petite ourse. Et si dans le conte *Boucle d'or et les trois ours*, sa force lui vaut d'être craint et redouté, son image dans notre culture a évolué et c'est aussi un animal doux, câlin et tendre pour les enfants. Cette notoriété est bien sûr due à nos peluches, mais saviez-vous que leur origine remonte à une anecdote survenue au président américain Roosevelt ?

D'abord élu vice-président en 1900, le républicain Theodore Roosevelt (oncle de Franklin Roosevelt) devient à la suite de l'assassinat de William McKinley, le 14 septembre 1901, le 26e président des États-Unis. Âgé à l'époque de 42 ans, il devient le plus jeune élu au poste suprême. C'est en grand amateur de chasse qu'il se rend en novembre 1902 dans le Mississippi pour une partie de quatre jours. Mais la chance ne lui sourit pas toujours et, alors qu'il rentre bredouille d'une battue, les organisateurs décident d'attacher à un arbre un ourson noir préalablement capturé, afin que le président puisse rapporter un trophée. Choqué par cette mise en scène, Roosevelt refuse d'abattre le petit animal, jugeant que cet acte serait non seulement cruel, mais aussi antisportif. Il ordonne la libération de l'animal. Cet épisode ne manque pas d'être porté à la connaissance du public par la presse et ne fait d'ailleurs qu'accroître la popularité du président.

En effet, le 16 novembre 1902, pour illustrer l'indécision de Roosevelt sur un différend frontalier entre le Mississippi et la Louisiane, le caricaturiste Clifford K. Berryman publie dans un article du *Washington Post* un dessin représentant le président qui refuse d'abattre le célèbre petit ourson noir. Cette illustration attire aussitôt l'attention d'un couple de fabricants de jouets originaires de Russie et installés à New York : Rose et Morris Michtom. Ils ont la merveilleuse idée de confectionner un ourson en peluche, qu'ils exposent dans la vitrine de leur magasin, sous le nom de *Teddy Bear*, « l'ours de Teddy » en français, d'après le diminutif de Theodore. La peluche ne manque pas d'attiser la curiosité des passants et les Michtom décident d'écrire au président Roosevelt pour lui demander l'autorisation de la commercialiser : il leur donne son accord ! Voilà que la popularité de cet ourson fera la fortune des Michtom ! Ceux-ci créeront même dans la foulée leur marque de jouets, The Ideal Novelty and Toy Company.

Coïncidence ? Alors que les Européens ignorent encore l'anecdote relative au président Roosevelt, au même moment en Allemagne, une ancienne couturière reconvertie dans la confection de peluches commercialise elle aussi un ours en feutre et laine. En quelques années, ceux de Margarete Steiff seront produits par millions dans le monde entier.

85.

Pourquoi la ville normande de Sainte-Adresse a-t-elle été la capitale de la Belgique ?

Située en Seine-Maritime, dans l'agglomération du Havre, la commune de Sainte-Adresse est une modeste station balnéaire française d'environ 7 000 habitants. Pourtant, la ville compte une place et un boulevard portant le nom du roi des Belges Albert Ier. Plus étonnant encore, chaque 21 juillet, jour de la fête nationale belge, le drapeau du royaume est fièrement hissé dans la commune. Mais pourquoi une telle déférence envers la Belgique ?

Territoire sans unité nationale, la Belgique a longtemps été disputée depuis le Moyen Âge par plusieurs grandes puissances européennes. Il faut attendre l'issue, en 1830, d'une conférence internationale réunissant la France, l'Angleterre, la Prusse, l'Autriche et la Russie, pour que le pays obtienne son indépendance des Pays-Bas. La Belgique devient une monarchie constitutionnelle et un État neutre, sur le modèle de la Confédération helvétique. Aussi, lorsque la Première Guerre mondiale éclate, n'est-elle pas impliquée dans le conflit. Mais voilà, l'Allemagne ne respecte pas ses clauses diplomatiques. Le 2 août 1914, elle envahit le Luxembourg, neutre également, et adresse un ultimatum à la Belgique pour qu'elle autorise le Reich à faire passer ses troupes en direction de la France. Le refus catégorique du gouvernement d'Albert Ier provoque l'invasion de son territoire deux jours plus tard, le 4 août. Il n'en faut pas plus pour que l'Angleterre, jusque-là hésitante quant à la position à adopter face à l'Allemagne, ne déclare la guerre à l'envahisseur.

Malgré une résistance tenace, notamment à Liège et à Anvers, le petit royaume n'est pas en mesure d'arrêter les troupes du Reich, d'autant que celles-ci exécutent en représailles des milliers de civils. Pour l'anecdote, c'est d'ailleurs en hommage à l'héroïsme de ses habitants que la station de métro parisienne initialement dénommée « Berlin » est rebaptisée « Liège », et le célèbre café viennois « café liégeois » ! Ces exactions déclenchent un exode massif de la population : près d'un million de Belges se réfugient aux Pays-Bas, 300 000 en France et 200 000 au Royaume-Uni. Les neuf dixièmes du pays étant occupés, le gouvernement belge est lui aussi contraint de fuir et demande asile à la France. Les autorités françaises choisissent la région du Havre : peu éloignée de la ligne de front, elle permettra des liaisons faciles avec l'Angleterre et les colonies belges. La petite station de Sainte-Adresse, réputée pour ses hôtels confortables, ses magnifiques villas et ses immeubles de haut standing, est alors désignée pour accueillir les délégations belges.

Le 10 octobre 1914, le président Raymond Poincaré cède à bail la ville à la Belgique pour toute la durée des hostilités. Trois jours plus tard, le 13 octobre 1914, deux navires accostent au Havre, avec à leur bord près de 1 000 personnes : des ministres, des hauts fonctionnaires, des gendarmes, ainsi que tout le corps diplomatique belge. Ce gouvernement en exil va s'organiser sur place, avec son propre service de poste, son hôpital, son école et même son usine d'armement. C'est ainsi que d'une petite bourgade de la côte normande, Sainte-Adresse demeurera la capitale administrative de la Belgique jusqu'à la fin du conflit. Et si le souverain belge Albert Ier ne s'y est jamais rendu, préférant demeurer en zone non occupée, il bénéficiera néanmoins d'une statue monumentale, érigée dans la ville en 1938.

86.

Pourquoi l'éclusier Henri Geeraert eut-il l'honneur de voir son visage reproduit sur les billets de 1 000 francs belges ?

En 1950, à l'occasion du centenaire de sa création, la Banque nationale de Belgique émit une série de devises commémorant plus d'un siècle d'Histoire. Sur le recto des billets de 100, 500 et 1 000 francs figuraient les portraits des trois premiers rois : Léopold Ier, Léopold II et Albert Ier. Le verso honorait des personnalités : l'ancien Premier ministre et fondateur de la Banque nationale Walthère Frère-Orban et le célèbre peintre flamand Pierre Paul Rubens. Et si le buste d'un modeste éclusier fut choisi pour les billets de 1 000 francs, c'est pour son rôle décisif lors de l'invasion allemande durant la Première Guerre mondiale.

Lorsque, le 4 août 1914[1], l'Allemagne viole la neutralité du territoire belge, le roi Albert Ier prend le commandement des armées. Contrairement aux prévisions de l'état-major allemand, les Belges opposent une résistance farouche. Après avoir immobilisé l'ennemi devant Liège, l'armée belge doit finalement se replier à la fin du mois d'août sur la ville fortifiée d'Anvers. Celle-ci cède à son tour, le 10 octobre. Mais, Albert Ier refuse de s'avouer vaincu. Trois jours plus tard, il demande à ses troupes de se replier derrière l'Yser,

1. Voir le sujet précédent.

afin de défendre l'ultime lambeau du territoire belge encore à l'abri des envahisseurs.

Long de 78 km, l'Yser est un petit fleuve côtier qui prend sa source en France et se jette à Nieuport, à la pointe nord-ouest de la Belgique. Le but du roi est de maintenir la souveraineté belge sur un petit réduit situé entre l'Yser et la mer du Nord. De leur côté, les Allemands ont besoin de franchir le fleuve pour marcher sur Dunkerque. La bataille commence le 18 octobre 1914. Bien qu'amputée du tiers de ses effectifs, l'armée belge, renforcée par 7 000 soldats français, livre une résistance héroïque. Mais les Allemands, deux fois plus nombreux, parviennent à franchir l'Yser dans la nuit du 21 au 22 octobre et occupent plusieurs communes. Le 25 octobre, les Belges se replient derrière la voie ferrée reliant Dixmude à Nieuport, et dont le talus au milieu des polders forme une digue naturelle.

La position étant de plus en plus menacée, le roi Albert se résout à inonder la plaine entre l'Yser et le chemin de fer. Au XVIIe siècle, cette tactique avait rendu service aux Hollandais contre les troupes de Louis XIV. Après plusieurs tentatives infructueuses, on fait appel à un éclusier de Nieuport âgé d'une cinquantaine d'années, Henri Geeraert. Dans la nuit du 28 au 29 octobre 1914, celui-ci ouvre les vannes du déversoir du Noordvaart, dont le débit est plus important. Bientôt, un étang large de 2 à 3 km et d'un mètre de profondeur contraint les troupes allemandes à la retraite. Les Belges ont remporté la bataille de l'Yser ! Ils préserveront ce petit territoire jusqu'à la fin du conflit. Affecté durant toute la guerre à la compagnie s'occupant des écluses, Geeraert sera nommé chevalier de l'ordre de Léopold et s'éteindra en 1925. À Nieuport, une place ornée de son buste porte son nom.

87.

Pourquoi un pigeon fut-il décoré de la Croix de guerre durant la bataille de Verdun ?

En avril 1915, à l'instigation du député Émile Driant (gendre du général Boulanger), une décoration militaire est créée pour récompenser les hauts faits d'armes. La Croix de guerre – à quatre branches, suspendue à un ruban vert rompu par de fines rayures rouges – est réalisée par le sculpteur Albert Bartholomé. Jusqu'en 1918, plus de 2 millions de personnes la reçoivent, à titre individuel ou collectif. Les civils ne sont pas oubliés : des ambulanciers, des aumôniers, des villes entières, des navires de commerce, des compagnies de chemin de fer, et même… un pigeon !

Dès l'Antiquité, le pigeon biset, qui possède un extraordinaire sens de l'orientation, est utilisé pour transmettre des messages. C'est cependant à partir de la guerre de 1870 que l'armée française a recours à ces oiseaux voyageurs. Lors du siège de Paris, les pigeons permettent au nouveau gouvernement évacué de continuer à communiquer efficacement avec la capitale. Par la suite, l'armée créée des centres d'instruction colombophile, où les pigeons sont élevés. Et lors de la Grande Guerre, les volatiles vont être massivement utilisés, par les deux camps.

Lorsque les liaisons téléphoniques sont coupées et les signaux optiques inopérants, les oiseaux accomplissent leurs missions en dépit des bombardements, des projectiles, des gaz et de la fumée, avec une vitesse pouvant atteindre les 100 km/h. Les messages codés sont placés à l'intérieur de bagues étanches, fixées à leurs pattes. Des tireurs d'élite sont formés pour les abattre en plein vol. Dans les zones occupées, les Allemands interdisent aux civils, sous peine de mort, de procéder à des lâchers.

Durant la bataille de Verdun, les troupes d'élite allemandes, commandées par le fils du Kaiser Guillaume II, lancent une violente offensive le 1er juin 1916 contre le fort de Vaux. La résistance des Français est héroïque. Attaqué de toutes parts, à court d'hommes, de munitions et surtout d'eau, le commandant du fort envoie son ultime pigeon le 4 juin 1916 à 11 h 30 : « *Nous tenons toujours, mais nous subissons une attaque par les gaz et les fumées très dangereuses. Il y a urgence à nous dégager. Faites-nous donner communication optique par Souville qui ne répond pas à nos appels. C'est mon dernier pigeon. Signé : Raynal.* »

Traqués aux lance-flammes et réduits à l'état de fantômes, Raynal et ses hommes finissent par se rendre. Quant au pigeon, gravement intoxiqué, il est pourtant parvenu à destination. Baptisé « Le Vaillant », il sera décoré de la Croix de guerre et une plaque commémorative apposée sur le fort de Vaux. Après cet exploit, l'oiseau héroïque coule une retraite heureuse au 8e régiment de transmissions. Selon la légende, il serait mort en 1939, la même semaine que le commandant Raynal. Empaillée, sa dépouille est conservée dans le dernier colombier militaire d'Europe, situé au Mont-Valérien. En 2005, son histoire a inspiré un dessin animé américain, intitulé en français *Vaillant, pigeon de combat !*.

88.

Pourquoi *La Marseillaise* fut-elle durant quelques mois l'hymne de la Russie ?

Écrit en 1792, notre hymne national est souvent considéré comme guerrier. Il est donc fréquent d'entendre que les paroles devraient être réécrites. Pourtant, si *La Marseillaise* reste inchangée, c'est parce qu'en France, comme dans le reste de l'Europe, les hymnes nationaux demeurent de forts symboles identitaires. La Russie, cependant, a régulièrement changé de chant patriotique : depuis 1813, elle a adopté six hymnes distincts, dont… *La Marseillaise.*

Au début du XIXe siècle, l'Empire russe utilisait deux hymnes officieux : la *Marche de Preobrajenski* et surtout *Grom pobedy, razdavaysya*, écrit en 1791 par le poète et homme d'État Gavrila Derjavine pour célébrer la prise d'Izmail, la plus importante forteresse turque sur le Danube. En 1816, le tsar Alexandre Ier instaure pour la première fois un hymne officiel. Intitulé *La Prière des Russes*, ses paroles sont signées par Vassili Joukovski, tandis que sa musique reprend celle de l'hymne britannique *God Save the King*. C'est à partir de 1833 que la Russie se dote d'une composition véritablement originale, à l'issue d'un concours organisé par Nicolas Ier : l'*Hymne des tsars*, composé par le général et musicien Alexeï Lvov, toujours sur des paroles du poète romantique Vassili Joukovski. Il sera interprété pour la première fois lors du seizième anniversaire du tsarévitch, futur Alexandre II.

En 1875, durant son exil, le philosophe russe Piotr Lavrov, affilié à la Première Internationale et qui a participé à la Commune de Paris, écrit un chant révolutionnaire sur la musique de *La Marseillaise*, baptisant celui-ci : *Marseillaise des travailleurs*. Le chant se propage en Russie lors de la révolution de 1905 et devient l'hymne des insurgés. Aussi, lors de la révolution de février 1917, le nouveau gouvernement provisoire remplace l'*Hymne des tsars* par la *Marseillaise des travailleurs*. C'est ce chant qu'entonnent les révolutionnaires le 15 avril 1917, pour accueillir Lénine à la gare de Petrograd lors de son grand retour en Russie. Mais quelques mois plus tard, à l'issue de la révolution d'Octobre, les bolcheviques l'abandonnent au profit de *L'Internationale*, afin d'éviter toute confusion avec l'hymne français.

En 1944, Staline adopte pour l'Union soviétique l'hymne du Parti bolchevique, du compositeur Alexandre Alexandrov (le fondateur des Chœurs de l'Armée rouge) et de l'écrivain Sergueï Mikhalkov. En 1977, ce dernier en modifie les paroles, effaçant les passages qui font référence à Staline et à la Seconde Guerre mondiale. Après l'éclatement de l'URSS, la Fédération de Russie présidée par Boris Eltsine remplace l'hymne soviétique par une pièce pour piano de Mikhail Glinka, rebaptisée *Chanson patriotique*. Dénué de paroles, cet hymne est assez impopulaire. En 2000, le nouveau président russe, Vladimir Poutine, réinstaure l'ancien hymne soviétique, dont les paroles sont entièrement réécrites par son auteur d'origine, Sergueï Mikhalkov.

89.

Pourquoi la Grosse Bertha a-t-elle provoqué le premier divorce de Sacha Guitry ?

Dramaturge, acteur, metteur en scène et réalisateur, Sacha Guitry connut une popularité considérable. Décédé en 1957, il se maria cinq fois, successivement avec Charlotte Lysès, Yvonne Printemps, Jacqueline Delubac, Geneviève de Séréville et, enfin, Lana Marconi. Si sa première femme occupe une place particulière dans sa vie, leur divorce fut la conséquence étonnante du bombardement de Paris pendant la Première Guerre mondiale par la célèbre Grosse Bertha. Mais pourquoi un canon allemand causerait-il un divorce ?

C'est en 1904 que Charlotte Lysès, alors maîtresse de Lucien Guitry, jette son dévolu sur son fils Sacha, de sept ans son cadet. La rivalité amoureuse devient de plus en plus intense et provoque une longue brouille entre père et fils, qui durera treize ans. Charlotte s'installe finalement avec son jeune amant, qui écrit pour elle en 1905 sa troisième pièce, *Le KWTZ*, avant de connaître quelques mois plus tard son premier grand succès avec *Nono*. Deux ans plus tard, Charlotte et Sacha se marient le 14 août 1907 à Honfleur.

Après près de quatre ans de conflit, le traité de Brest-Litovsk entre l'Allemagne et la Russie est signé le 3 mars 1918. Libérées du front de l'Est, les divisions d'infanterie allemandes sont aussitôt acheminées sur le flanc occidental, afin de porter un coup fatal aux forces franco-anglaises. Il ne faut pas plus de trois semaines pour que les Allemands lancent, le 21 mars, l'« opération Michael » et attaquent les lignes anglaises entre Cambrai et Saint-Quentin. Pris par surprise, les Britanniques laissent l'ennemi progresser de plus de 50 km. Pire encore, équipés de redoutables canons géants à très longue portée, les Allemands lancent une campagne de tirs sur Paris.

Disposés dans la forêt de Saint-Gobain, à 140 km au nord de la capitale, les canons ennemis tirent des obus pouvant atteindre Paris en trois minutes. Les Français les appellent « Grosse Bertha » – les confondant avec un autre engin allemand de moins grande portée, utilisé en 1914 pour bombarder Liège et dont le nom faisait référence à Bertha Krupp, propriétaire des usines Krupp où il était fabriqué. Le 29 mars 1918, un obus atteint l'église Saint-Gervais, située dans le 4e arrondissement, provoquant l'effondrement de la nef. Or ce jour-là est un Vendredi saint et l'église est bondée ! On dénombre pas moins de 91 morts et 68 blessés parmi les fidèles.

Ce bombardement, commenté jusqu'aux États-Unis, provoque incidemment le divorce des Guitry. Car le couple bat de l'aile depuis quelques mois et Charlotte Lysès voit un amant. Le jour du drame, alors en chemin pour l'un de ses rendez-vous galants, la comédienne annonce à son mari qu'elle va visiter avec une amie l'église Saint-Gervais, classée monument historique. Apprenant la catastrophe, Guitry est fou d'inquiétude. Lorsque Charlotte rentre, interloquée, le dramaturge comprend immédiatement qu'elle l'a trompé. Le divorce est prononcé le 17 juillet 1918. Vingt-cinq ans plus tard, lors de la Libération, Sacha Guitry, accusé d'avoir collaboré avec les Allemands, est incarcéré à Drancy. Recevant la visite de sa première épouse, il soupire cette funeste phrase : « *Un malheur n'arrive jamais seul !* »

90.

Pourquoi *La Vache qui rit* doit-elle son nom à la Première Guerre mondiale ?

Commercialisée dans plus de 136 pays, *La Vache qui rit* est l'un des produits français les plus connus à l'étranger. Créée il y a presque cent ans à Lons-le-Saunier, cette marque de fromage fondu fait désormais partie de notre patrimoine. Sa popularité s'explique en grande partie par son nom humoristique et l'illustration d'une vache hilare dotée de boucles d'oreille. La marque doit pourtant son existence à un événement nettement plus grave : la Première Guerre mondiale.

Lorsque la Grande Guerre éclate, Léon Bel, un affineur de Comté jurassien, est affecté dans l'une des unités RVF (Ravitaillement Viande Fraîche). Disposant des autobus aménagés pour l'acheminement des abattoirs jusqu'au front, ces unités transportent durant la guerre plus d'un million et demi de tonnes de viande. Espérant égayer le quotidien des poilus, l'état-major décide de doter ces véhicules d'un emblème distinctif et familier. Dans la RVF B70 où sert Léon Bel, un concours est lancé. Le dessin sélectionné est signé du dessinateur Benjamin Rabier, un spécialiste animalier qui inspirera plus tard à Hergé le personnage de Tintin. Rabier a dessiné une vache hilare, que les poilus ne tardent pas à surnommer la « Wachkyrie », pied-de-nez aux Walkyries, ces vierges guerrières issues de la mythologie nordique et célébrées dans la culture allemande.

La guerre terminée, Léon Bel est démobilisé et reprend ses activités fromagères dans un atelier à Lons-le-Saunier. Quelques années plus tôt, les Suisses ont mis au point un fromage fondu capable de se conserver longtemps et à température ambiante. Séduit par cette idée, Léon Bel crée en 1921 sa propre production. À la recherche d'un nom commercial, il se rappelle alors de la mascotte de la RVF et dépose la marque *La Vache qui rit.* En guise de logo, il contacte Rabier pour repartir sur les bases de son dessin original. Sur les conseils de sa femme, Bel fait ajouter des boucles d'oreilles et achète à Rabier les droits d'exploitation pour 1 000 francs. La couleur rouge de *La Vache qui rit* est quant à elle l'idée de l'imprimeur Vercasson.

Le succès du fromage est immédiat. En 1926, Léon Bel ouvre une nouvelle usine à Lons-le-Saunier. À travers le temps, la célèbre mascotte ne subira que quelques légères modifications : ses cornes seront seulement raccourcies et arrondies, et ses traits s'humaniseront. Notons que le succès de *La Vache qui rit* créa des émules. En 1926, dans la même ville de Lons-le-Saunier, les frères Grosjean lancèrent un fromage fondu baptisé *La Vache sérieuse.* Pendant des années, les deux marques se livreront à une véritable guerre publicitaire, à grands coups de slogans. C'est finalement la justice qui tranchera lors d'un procès en contrefaçon engagé par son concurrent. En 1959, *La Vache sérieuse* sera condamnée à prendre le nom de *Vache Grosjean.*

91.

Pourquoi André Malraux, futur ministre de la Culture, fut-il jugé pour vol d'œuvres d'art ?

Prix Goncourt 1933 pour son roman *La Condition Humaine*, compagnon de la Libération, médaille de la Résistance, Croix de guerre : André Malraux collectionna les distinctions. En 1996, il fut inhumé au Panthéon, trente-deux ans après avoir prononcé son flamboyant discours lors du transfert des cendres de Jean Moulin. On peine à croire que celui qui fut le premier à occuper les fonctions de ministre de la Culture (1959-1969) se vit condamné à trois ans de prison. Et pourtant, dans sa jeunesse, André Malraux a bien pillé des bas-reliefs dans un temple d'Angkor.

En 1923, Malraux a 22 ans. Deux ans plus tôt, ce jeune directeur littéraire a épousé une riche héritière, Clara Goldschmidt. Réformé de l'armée, il place l'argent de sa femme en bourse dans des valeurs incertaines, les poussant elle et lui à la ruine. Poussé par son goût pour l'art, Malraux a cette idée folle de dérober en Indochine des statues khmères et de les revendre à des collectionneurs américains et allemands. Pour obtenir une mission archéologique à Angkor, il prétend suivre des cours à l'École des langues orientales et vouloir réaliser des moulages de statues pour le musée Guimet. En septembre 1923, une commission du ministère des Colonies lui donne le feu vert.

Le vendredi 13 octobre, à Marseille, Malraux et son épouse embarquent à bord d'un bateau au nom prédestiné : l'*Angkor*. Après 29 jours de traversée, le couple arrive en Indochine. À Saïgon, Malraux retrouve un ami d'enfance, Louis Chevasson, qui accepte de les suivre. Les trois complices commettent leur forfait au temple hindou de Banteay Srei. Bien qu'en ruines, ce monument du xe siècle dispose encore de belles décorations. Les trois Français découpent à la scie égoïne une tonne de pierres sculptées, ainsi que quatre grands morceaux de bas-reliefs, qu'ils emballent et emportent. Mais à leur arrivée à Phnom Penh, le 23 décembre 1923, ils sont dénoncés par l'un de leurs guides khmers, arrêtés et assignés à résidence.

Le 21 juillet 1924, Malraux est condamné à trois ans de prison ferme et Chevasson à un an et demi. Relaxée, Clara rentre en France pour mobiliser les intellectuels. Gide, Aragon, Mauriac, Breton, Gaston Gallimard ou encore Max Jacob signent une pétition en faveur de « ceux qui contribuent à augmenter le patrimoine intellectuel de notre pays ».

Jugés en appel le 28 octobre 1924, les accusés écopent d'une simple peine avec sursis. De retour en métropole, Malraux se pourvoit en cassation, pour récupérer les bas-reliefs dont il s'estime le découvreur. Un nouvel arrêt est rendu en 1926, accordant des circonstances atténuantes aux prévenus. Parallèlement, l'écrivain se voit proposer par les éditions Grasset un contrat de trois livres. Inspiré de son aventure, *La Voie royale* lui vaudra en 1930 le premier prix Interallié de l'Histoire. Grâce à la médiatisation de cette affaire, le temple de Banteay Srei, initialement promis à la destruction, sera classé et restauré par l'École française d'Extrême-Orient.

92.

Pourquoi le cerveau de Voltaire est-il devenu la propriété de la Comédie-Française ?

L'administrateur général de la Comédie-Française Jules Clarétie, dont le caractère falot lui valait le surnom de « Guimauve le Conquérant », montra un jour une petite boîte à la jeune comédienne Berthe Bovy : « *Savez-vous ce qu'elle contient ? Le cerveau de Voltaire.* » Ce à quoi la sociétaire répondit : « *Et il ne vous est jamais venu à l'idée de vous en servir ?* » Il ne faut y voir qu'un jeu de mot douteux. D'ailleurs, Clarétie est mort en 1913 alors que le cerveau de Voltaire n'est la propriété du Théâtre-Français que depuis 1924. Mais comment s'est-il retrouvé là ?

En février 1778, Voltaire quitte sa demeure de Ferney (dans l'Ain) pour Paris, où il sera hébergé quai des Théatins, dans l'hôtel particulier de son ami le marquis de Villette. Âgé de 83 ans, l'auteur de *Candide* est très malade. Souhaitant un enterrement religieux, il convoque un prêtre de la paroisse de Saint-Sulpice. L'abbé Gaultier lui accorde l'absolution en échange d'une confession de foi. Quelques semaines plus tard, les autorités religieuses désavouent l'abbé et opposent leur veto à toute inhumation.

Après une longue agonie, Voltaire meurt le 30 mai 1778 chez le marquis de Villette. Le décès est gardé secret. Le lendemain, selon les dernières volontés du défunt, son corps est autopsié. La dépouille est ensuite embaumée par un apothicaire du quartier, Mitouart. Le cœur du philosophe est récupéré par Villette, tandis que Mitouart obtient le droit de conserver son cerveau. L'abbé Mignot, neveu de Voltaire, décide d'enterrer provisoirement son oncle dans la petite abbaye de Sellières, près de Troyes. Pour quitter discrètement Paris, la dépouille du philosophe est habillée, puis installée en position assise dans un carrosse, comme un passager en vie.

Grâce au billet de confession de l'abbé Gaultier, Voltaire est enterré dans un caveau à Sellières, sous une dalle anonyme. L'année suivante, Villette rachète le domaine de Ferney et installe dans la chambre à coucher un coffret de vermeil contenant le cœur de Voltaire, avec cette inscription : « *Son esprit est partout et son cœur est ici.* » En 1785, le marquis est contraint de revendre le domaine. En 1791, il fait rebaptiser le quai des Théatins « quai Voltaire » et convainc l'Assemblée constituante de transférer les restes du philosophe au Panthéon. À la mort de Villette en 1793, le cœur de Voltaire devient la propriété de son héritier. En 1864, la relique est offerte à Napoléon III. Déclarée bien national, elle est déposée dans le socle du plâtre original de la statue signée par Jean-Antoine Houdon : *Voltaire assis*.

Quant au cerveau de Voltaire, il fut d'abord exposé dans l'officine de l'apothicaire pour attirer le chaland. Son fils voulut en faire don à la Bibliothèque nationale en 1799 et 1830, mais les autorités refusèrent à chaque fois. Finalement, une descendante des Mitouart en aurait fait don à la Comédie-Française en 1924, contre deux fauteuils d'orchestre mis à sa disposition durant vingt ans. C'est encore là qu'il se trouve, placé dans le socle d'une réplique de la statue de Houdon.

93.
Pourquoi l'entreprise de pneumatiques Michelin est-elle à l'origine du plus célèbre guide gastronomique ?

L'étoile au Guide Michelin constitue pour beaucoup de restaurateurs la récompense suprême. Cette distinction est si influente qu'elle génère automatiquement une hausse de la clientèle et permet au restaurant d'augmenter ses prix. *A contrario*, la perte d'une étoile est préjudiciable. L'autorité du « guide rouge » est d'autant plus étonnante qu'il émane d'une entreprise sans grand rapport avec la cuisine.

La société a été fondée à Clermont-Ferrand en 1889 par les frères André et Édouard Michelin. Leur usine fabrique alors du caoutchouc. Deux ans plus tard, Michelin crée le premier pneumatique démontable pour bicyclette, avec une chambre à air indépendante. En 1895 sort « L'Éclair », la première voiture roulant sur pneus. Quatre ans plus tard, une automobile équipée de ces mêmes pneus dépasse pour la première fois les 100 km/h. En août 1900, à l'occasion de l'Exposition universelle de Paris, Michelin publie son premier guide publicitaire.

Édité à 35 000 exemplaires, le guide est offert contre l'achat de pneumatiques. À l'époque, les conducteurs ne sont que quelques milliers, empruntant des routes ni goudronnées ni signalisées, dans des véhicules qui tombent régulièrement en panne. Le guide leur fournit quantité d'informations utiles : adresses de mécaniciens, de dépôts de carburants, de médecins ou d'auberges. Avec son plan précis des grandes villes et son répertoire de routes et d'itinéraires, le guide Michelin s'impose comme l'outil indispensable de tout automobiliste.

En 1920, André Michelin découvre chez un garagiste que son guide est utilisé pour caler un établi. Indigné, il décide de ne plus l'offrir, mais de le vendre, contre la modique somme de 7 francs. Or, peu de clients acceptent de payer. Michelin a alors l'idée de distribuer les invendus dans les écoles afin de familiariser les élèves à la géographie. Cette générosité bénéficie à l'image de l'entreprise et permet aux guides de retrouver des acheteurs. Dans la nouvelle formule, figurent pour la première fois les adresses de restaurants recommandés par les automobilistes.

En 1926, les meilleurs restaurants sont récompensés par une « étoile de la bonne table ». Le classement en 1, 2 et 3 étoiles naît en 1931. Pour les décerner, Michelin finit par envoyer ses propres inspecteurs. On prétend qu'au printemps 1940, le guide Michelin facilita l'avancée des chars de la Wehrmacht. Ce qui est certain, c'est qu'en 1944, juste avant le débarquement de Normandie, craignant la disparition des panneaux de signalisation, l'état-major allié fit imprimer la dernière édition du guide, celle de 1939. Traduite en anglais, celle-ci fut distribuée à chaque officier, avec sur la couverture cette mention : « *For official use only.* » Le but n'était pas la gastronomie !

94.

Pourquoi le ministre des Affaires étrangères Louis Barthou a-t-il été abattu par un policier ?

Louis Barthou était l'un des ministres les plus estimés de la IIIe République. Député des Basses-Pyrénées durant plus de 30 ans, il fit son entrée en 1894 au gouvernement comme ministre des Travaux publics, puis cumula les portefeuilles et s'imposa comme l'une des personnalités politiques les plus appréciés de l'époque. Il occupe le ministère des Affaires étrangères lorsqu'il est tué par un policier marseillais, le 9 octobre 1934.

Le 1er décembre 1918, après l'éclatement de l'Empire austro-hongrois, apparaît une fédération qui rassemble autour de la Serbie l'ensemble des Slaves du Sud : Slovènes, Croates, Bosniaques et Monténégrins. De cultures et de religions différentes, ces peuples n'ont jusque-là jamais cohabité au sein d'un même État. Les Croates ne tardent pas à s'opposer à l'hégémonie des Serbes et à réclamer leur indépendance. En 1928, lors d'une séance au Parlement, un député radical monténégrin ouvre le feu et tue trois de ses collègues croates. En janvier 1929, le roi Alexandre Ier profite de l'événement pour suspendre la Constitution, dissoudre le Parlement et prendre lui-même la tête du gouvernement, en instaurant une dictature monarchique.

Pour tenter de mettre fin aux clivages communautaires, le souverain transforme le nom de la fédération en royaume de

« Yougoslavie » (en serbo-croate « pays des Slaves du Sud »), mais les tensions subsistent. Contraint à l'exil, le député nationaliste croate Ante Pavelic fonde à Rome un mouvement terroriste, les Oustachis, soutenu par les fascistes. L'objectif est d'assassiner Alexandre Ier. En France, à la suite des émeutes du 6 février 1934, Louis Barthou est nommé au quai d'Orsay. Tentant un rapprochement avec les petits États d'Europe centrale en vue de contrer l'Allemagne hitlérienne, le ministre invite Alexandre Ier en France.

Le roi de Yougoslavie débarque à l'aéroport de Marseille le 9 octobre 1934, où il est accueilli par le ministre des Affaires étrangères. De nombreux journalistes se sont déplacés et plusieurs caméras de télévision filment l'événement. Barthou et son hôte montent en voiture pour rejoindre la gare Saint-Charles, direction la capitale. Acclamée par la foule, la voiture officielle s'engage sur la Canebière, capote relevée et roulant au pas pour satisfaire aux besoins des photographes. Elle n'a pas fait 250 mètres qu'un homme bouscule le service d'ordre, monte sur le marchepied et tire sur les passagers. Atteint de plusieurs balles, le roi s'écroule sur le siège.

Cédant à la panique, les policiers tirent en tous sens et blessent une dizaine de personnes, dont le ministre Louis Barthou. Il décède de ses blessures durant son transfert à l'hôpital, comme le roi de Yougoslavie. L'assassin, un terroriste bulgare nommé Vlado Tchernozemski, trouve la mort dans la fusillade. Selon toute vraisemblance, l'opération fut commanditée par les Oustachis croates, même si d'autres pistes furent également évoquées, notamment celle de l'Allemagne.

95.

Pourquoi la guerre d'Espagne est-elle à l'origine de l'expression « cinquième colonne » ?

L'expression « cinquième colonne » désigne les partisans cachés ou invisibles d'un État ou d'une organisation ennemis prêts à frapper insidieusement. Et si elle est couramment utilisée, force est de constater qu'on en a oublié l'origine, qui remonte à la guerre d'Espagne. Pourquoi ?

Le 14 avril 1931, deux jours après la victoire des républicains aux élections municipales, le roi d'Espagne Alphonse XIII s'estime désavoué par le scrutin et quitte le pays. La république est proclamée dans la foulée, mais l'Espagne reste divisée entre monarchistes et républicains. Le 16 février 1936, rassemblés en un Front populaire, communistes, socialistes et radicaux de gauche remportent les élections législatives. Leur chef, Manuel Azaña, est élu en mai à la présidence de la République. Toutefois, les tensions sont loin d'être apaisées et le pays est en proie à des flambées de violence qui font des centaines de morts.

Acte déterminant, le député monarchiste José Calvo Sotelo est assassiné le 13 juillet. Son meurtre choque profondément l'Espagne catholique et conservatrice. Il n'en faut pas plus pour que les militaires nationalistes saisissent cette occasion et déclenchent un coup d'État. L'instigateur de ce putsch est le général Emilio Mola, gouverneur militaire de Pampelune, qui s'est allié au général Sanjurjo, en exil à Lisbonne, ainsi qu'au général Franco, héros de la guerre du Rif et gouverneur militaire des Canaries. Quatre jours plus tard, la garnison de Melilla, enclave espagnole en territoire marocain, se soulève contre le régime républicain. Débarqué en avion des Canaries, Franco prend le commandement des troupes sur le continent et l'insurrection touche dès le lendemain la plupart des villes du pays. En quelques jours, les nationalistes conquièrent le nord-ouest jusqu'à la Navarre, ainsi que l'Andalousie et les Baléares.

Pourtant, une grande partie de l'armée reste fidèle au gouvernement légal. Les insurgés ne parviennent pas à s'emparer des principaux centres industriels (Barcelone, Valence, Bilbao). Pour renverser le pouvoir républicain, les troupes de Mola et de Franco convergent vers Madrid, réparties en quatre colonnes. Mais, lors d'une allocution radiophonique, le général Mola annonce l'intervention imminente d'une « cinquième colonne » nationaliste qui se tiendrait en armes à l'intérieur de Madrid. Or, en réalité, celle-ci n'existe pas ! La manœuvre vise seulement à instaurer dans le camp ennemi un climat de suspicion généralisé, propice aux épurations.

L'expression fait vite florès. Elle est popularisée en France durant la Drôle de guerre, où la rumeur d'une cinquième colonne pro-allemande sur le territoire donne lieu à une paranoïa généralisée et jette la suspicion sur de nombreuses catégories de citoyens. C'est dans ce contexte qu'en septembre 1939, le président du Conseil Édouard Daladier décrète la dissolution du parti communiste, suite à la signature du pacte germano-soviétique.

96.

Pourquoi, le 8 novembre 1939, Hitler fut-il sauvé par la météo ?

Le 20 juillet 1944, des militaires allemands antinazis voulant obtenir une paix séparée avec les Alliés organisent un attentat contre Hitler, lors d'une réunion avec ses généraux dans son grand Quartier général de Prusse orientale. Exécutée par le comte Claus von Stauffenberg, la tentative échoue parce que sa valise d'explosifs est incidemment déplacée de l'autre côté de la table autour de laquelle se trouvait Hitler… Si celui-ci en sort indemne, on ignore souvent que cinq ans avant ce célèbre épisode, le Führer avait déjà échappé à un attentat…

Membre du Parti communiste allemand, Georg Elser est un opposant de la première heure au régime nazi. Dès l'invasion de la Pologne et le déclenchement de la Seconde Guerre mondiale en septembre 1939, cet ouvrier menuisier de 36 ans conçoit un plan minutieux pour éliminer le dictateur. Elser sait notamment que, tous les 8 novembre, Hitler commémore son putsch manqué de 1923 en compagnie des dignitaires nazis, à la brasserie munichoise de Bürgerbräukeller. Aussi entreprend-il ce jour-là de dissimuler une bombe dans un pilier, à côté du pupitre où le dictateur a l'habitude de prononcer son discours.

Dans ce but, Elser emménage à Munich et loue un petit atelier, où il fabrique de manière artisanale son arme.

Il récupère de l'explosif dans une carrière et fabrique un mécanisme de mise à feu à partir d'un système de réveils et de pendules. Les semaines précédant l'attentat, il dîne chaque soir à la fameuse brasserie, puis se dissimule dans un placard à balais jusqu'à la fermeture. Il profite alors de la nuit pour creuser un espace au pied de la colonne, en camouflant les copeaux dans un tapis enroulé. Au bout de trente-cinq nuits, la cache est enfin achevée et dissimulée sous des plaques de liège.

Quelques jours avant l'anniversaire du putsch, Elser installe la bombe et règle le mécanisme pour une explosion en plein discours du Führer, entre 21 h 15 et 21 h 30. Ce 8 novembre 1939, tous les dignitaires nazis – à l'exception d'Hermann Göring – sont donc réunis pour l'occasion à la brasserie. Arrivé vers 20 heures, Hitler prononce aussitôt son allocution. Mais il raccourcit son discours de moitié et quitte les lieux à 21 h 07, ce qui est bien trop tôt pour que le plan d'Elser fonctionne. Pourquoi le Führer a-t-il tronqué son propos ? En fait, s'il regagne précipitamment Berlin, c'est que son pilote a refusé de prendre la responsabilité d'un vol retour en raison de mauvaises conditions météorologiques cette nuit-là. Ne pouvant décoller comme prévu, les invités ont décidé de prendre le train, dont le départ à la gare de Munich est fixé à 21 h 31.

C'est ainsi qu'à 21 h 20, l'explosion a lieu dans une salle presque vide. Elle provoque l'effondrement d'une partie de l'édifice et entraîne la mort de huit personnes. Elser est vite identifié et arrêté alors qu'il tente de passer en Suisse. Torturé, il affirme être le seul instigateur de l'attentat, mais les autorités suspectent une complicité des services secrets britanniques. Elser, surnommé le « prisonnier spécial » parce qu'il est gardé en vie afin de pouvoir accuser les Anglais, est interné au camp d'Oranienburg, avant d'être transféré à Dachau où il est finalement exécuté le 9 avril 1945, sur ordre de Hitler en personne, alors que ce dernier a perdu tout espoir de victoire. Peu connue, cette tentative mérite d'être honorée. Aussi, à l'occasion du centenaire de la naissance d'Elser en 2003, la poste allemande a publié un timbre à son effigie, et un prix Georg Elser est aujourd'hui décerné aux personnes remarquées pour leur courage civique.

97.

Pourquoi le bras droit de Staline a-t-il donné son nom aux « cocktails Molotov » ?

Les émeutiers font parfois usage d'une arme incendiaire redoutable, composée d'une simple bouteille en verre remplie d'un liquide inflammable et dans lequel trempe un morceau de tissu enflammé. Capable de neutraliser un char, ce projectile artisanal est passé à la postérité sous le nom de « cocktail Molotov ». S'il porte le nom du premier ministre de Staline, nous sommes tentés de penser qu'il s'agit d'une invention soviétique, à l'instar du fusil d'assaut Kalachnikov. En réalité, il a été mis au point par les franquistes durant la guerre d'Espagne et a été baptisé ainsi par les Finlandais ! Mais pourquoi lui a-t-on prêté un tel nom ?

Viatcheslav Molotov est à la fin des années 1930 le conseiller le plus influent de Staline. Ministre des Affaires étrangères, il signe le 23 août 1939 avec l'Allemand von Ribbentrop le pacte germano-soviétique, qui aboutit au partage de la Pologne. Malgré cet accord de non-agression avec Hitler, Staline s'inquiète de la vulnérabilité de sa frontière avec la Finlande, une ancienne colonie russe indépendante depuis 1917. Pour créer une zone tampon autour de Leningrad, le dictateur se propose d'installer une base navale à Hanko, une presqu'île à la pointe sud de la Finlande qui commande l'entrée du golfe. Mais le gouvernement finlandais s'y oppose, refusant de céder sa souveraineté dans une zone aussi stratégique.

Toutefois, l'URSS ne respecte pas cette décision et l'Armée rouge envahit le 30 novembre 1939 la Finlande sur toute l'étendue de sa frontière. Dans les combats, le rapport de force est déséquilibré : l'URSS dispose de 450 000 hommes, 1 500 avions et autant de chars, tandis que l'armée finlandaise ne compte que 265 000 hommes, 270 avions et 26 tanks. Cependant, aussi étonnant soit-il, profitant de l'hiver et de la désorganisation soviétique après les grandes purges staliniennes, les combattants finlandais, à ski et en tenue de camouflage blanche, résistent à l'avancée ennemie ! Car s'ils sont mal équipés pour contrer les chars russes, ils ont l'ingénieuse idée d'utiliser la charge incendiaire mise au point par les nationalistes durant la guerre d'Espagne : une simple bouteille d'essence attachée à un chiffon enflammé.

Pour comprendre son appellation, il faut savoir que lors de l'invasion de la Finlande, le ministre soviétique avait assuré à la radio que son pays ne bombardait pas la population, mais lui livrait au contraire de la nourriture. Ces derniers avaient alors ironisé en surnommant ces bombes aériennes les « paniers pique-nique de Molotov ». Aussi font-ils preuve de la même dérision en baptisant « cocktails Molotov » les projectiles enflammés qu'ils lancent eux-mêmes sur les chars ennemis.

Entre décembre 1939 et mars 1940, l'armée finlandaise produira plus de 540 000 de ces armes dans une distillerie de Rajamäki, au sud du pays. Elles seront aussi perfectionnées par des capsules d'acide sulfurique introduites dans les bouteilles afin de faire exploser automatiquement leur contenu au moment de l'impact. Finalement, cette résistance acharnée des Finlandais contraindra Staline à renoncer à l'occupation complète du pays en 1940.

98.

Pourquoi, sans l'audace d'un peintre en bâtiment, le débarquement de Normandie n'aurait-il pas eu lieu ?

À l'aube du 6 juin 1944, débutait la plus grande opération aéronavale de l'histoire : une flotte de 5 000 navires, encadrée par 10 000 avions et transportant plus de 130 000 hommes (essentiellement Américains, Britanniques et Canadiens) débarquait sur les côtes normandes. Longtemps attendue par les Européens qui luttaient contre l'occupation nazie, cette gigantesque opération, appelée Overlord, doit aussi sa réussite à un humble ouvrier.

Peintre en bâtiment vivant à Caen, René Duchez entre dès l'automne 1940 dans un petit mouvement de résistance, qui s'intégrera deux ans plus tard à l'Organisation civile et militaire (OCM), ainsi qu'au réseau Centurie du colonel Rémy. Sous le pseudonyme de « François » et assisté par son épouse Odette, il reçoit pour mission de collecter des renseignements militaires sur les défenses ennemies. Les services secrets anglais ont besoin d'informations sur le « mur de l'Atlantique » que les nazis bâtissent de la Norvège aux Pyrénées. Chargée de sa construction, l'Organisation Todt occupe à Caen un immeuble situé rue de Geôle. Le 6 mai 1942, Duchez apprend que les Allemands recherchent un artisan pour la pose d'un papier mural dans leurs bureaux. Dès le lendemain, il soumet sa candidature puis présente des échantillons au chef de chantier, Schnedderer.

Durant leur entretien, l'Allemand se voit remettre une pile de plans, qu'il examine brièvement. Le Français a eu le temps de reconnaître le tracé de la côte normande ! Profitant d'un moment d'inattention, Duchez s'approche des documents et découvre la mention en lettres rouges *Streng Geheim* (ultra-secret). De manière insensée, il prend l'épais dossier et le cache derrière le miroir au-dessus de la cheminée. Il a juste le temps de reprendre sa place avant que Schnedderer ne revienne dans la pièce. Plus tard, il dérobe ce précieux document avant de le remettre au colonel Rémy qui les fait parvenir en Grande-Bretagne en juin 1942.

Il s'agit d'une carte de trois mètres de long, indiquant l'emplacement des défenses et fortifications allemandes (blockhaus, champs de mines, nids de mitrailleuses, réseaux de barbelés, barrières, obstacles sous-marins, etc.) entre Cherbourg et Honfleur. Ce document joue un rôle déterminant dans la décision des Alliés de préparer le débarquement en Normandie, et non dans le Pas-de-Calais. Après l'arrestation de sa femme par la Gestapo en novembre 1943, Duchez se cache dans le bocage voisin jusqu'au débarquement. Il constitue une filière d'évasion pour les pilotes alliés abattus. Rentré à Caen, il participe à la libération de la ville en tant que capitaine FFI. Il recevra les félicitations personnelles du général Kœnig. Nommé président du Comité de libération de Caen, il prend part à la réorganisation de la ville, mais meurt prématurément en août 1948. Une rue porte son nom. En 1970, son histoire inspirera le film de Marcel Camus avec Bourvil, *Le Mur de l'Atlantique*.

99.

Pourquoi le bikini doit-il son nom à la bombe atomique ?

Depuis une cinquantaine d'années, le bikini est devenu la star incontestable sur la plage. Bikini est également le nom d'un atoll des îles Marshall, dans le Pacifique. Le maillot de bain féminin deux pièces, tenue légère et estivale, doit son nom à un événement nettement plus grave : l'explosion d'une bombe atomique.

Le bikini est né de la rivalité entre deux créateurs français : Jacques Heim et Louis Réard. En 1932, Heim (plus tard couturier attitré d'Yvonne de Gaulle) décide de mettre fin au traditionnel maillot-gaine en laine tricotée et crée le premier maillot de bain deux pièces. De la taille d'un short, il découvre une partie du ventre, mais pas encore le nombril. Assurant qu'il s'agit du « plus petit maillot de bain du monde », Heim le baptise « atome ». Mais en 1946, l'ancien ingénieur automobile Louis Réard a l'idée, en voyant sur la plage des femmes retrousser leurs maillots pour mieux bronzer, de concevoir un maillot de bain encore plus petit. Il confectionne alors un vêtement qui mesure seulement un mètre carré de tissu et dévoile le nombril. Le haut est constitué d'un mini soutien-gorge, et le bas formé de deux triangles inversés reliés par une ficelle.

Le 1er juillet 1946, dans le cadre de l'opération *Crossroads*, les États-Unis procèdent à la quatrième explosion nucléaire de l'Histoire, après un essai au Nouveau-Mexique en juillet et les largages de la bombe atomique sur Hiroshima et Nagasaki en août 1945. Pour réaliser cet essai nucléaire sous-marin, les Américains ont choisi un atoll des îles Marshall, situé dans l'océan Pacifique et appelé Bikini. Médiatisée, l'opération inspire à Réard, qui espère sûrement un retentissement comparable, le nom de son nouveau maillot de bain. Le 5 juillet 1946, le bikini est présenté officiellement lors d'un défilé de mode à la piscine Molitor, dans le 16e arrondissement de Paris. N'ayant trouvé aucun mannequin qui accepte de porter cette nouveauté audacieuse, il a fait appel à Micheline Bernardini, une danseuse nue du Casino de Paris. La présentation est un franc succès. Et la danseuse recevra des dizaines de milliers de lettres.

Pour promouvoir sa création, Réard n'hésite pas à se lancer dans une bataille publicitaire contre Heim. Il invente deux slogans : « *Le bikini, le maillot de bain plus petit que le plus petit maillot de bain du monde* », ainsi que : « *Le bikini, la première bombe anatomique !* ». Et pour prouver que son maillot contient très peu de tissu, celui-ci est vendu dans une boîte d'allumettes ! Condamné par les autorités religieuses, le bikini peine d'abord à se populariser, se voyant même interdit dans un certain nombre de pays catholiques.

C'est finalement grâce au cinéma qu'il va s'imposer. En 1956, Brigitte Bardot fait sensation dans ce simple appareil pour le film *Et Dieu… créa la femme*. Six ans plus tard, l'actrice Ursula Andress en fait un succès mondial grâce à son apparition dans *James Bond 007 contre Dr. No*. Dès lors, les bikinis se populariseront sur toutes les plages du monde.

100.

Pourquoi a-t-on attribué un passeport au pharaon Ramsès II plus de 3 000 ans après sa mort ?

Le 26 septembre 1976, à 17 heures, à la base aérienne du Bourget, un accueil en grande pompe est réservé à un hôte prestigieux. Ministres, ambassadeurs, chef d'état-major attendent qu'un président descende d'un avion militaire mis à la disposition de l'Égypte par le gouvernement français. Cet épisode de la vie politique aurait ressemblé à une visite d'État normale, si le chef d'État en question n'était pas mort depuis trois millénaires.

Appartenant à la XIXe dynastie, Ramsès II régna 66 ans sur l'Égypte et mourut à près de 90 ans, vers 1213 avant J.-C. Son corps fut momifié selon les meilleures techniques de l'époque, avant d'être inhumé dans un tombeau richement décoré de la vallée des Rois, la nécropole des pharaons du Nouvel Empire située sur la rive occidentale du Nil, à la hauteur de Louxor. Quelques siècles plus tard, voulant les protéger des pillards, des prêtres regroupèrent une cinquantaine de momies dans une cachette située à Deir el-Bahari. Au XIXe siècle, des individus découvrirent cette tombe collective et revendirent sur le marché des antiquités de nombreux objets précieux.

En 1881, le français Gaston Maspero, directeur du Service des antiquités du Caire, diligente une enquête pour retrouver la source de ces objets. Rapidement, la cachette de Deir el-Bahari est mise au jour par l'égyptologue allemand Emil Brusch. Une cinquantaine de momies sont identifiées, dont celle de Ramsès II. Examinée une première fois en 1886 par Gaston Maspero et le docteur Fouquet, la dépouille du pharaon est transférée en 1902 au Musée égyptien du Caire, situé place Tahrir. En 1974, on constate que la momie est gravement endommagée par des champignons et nécessite une restauration. Les autorités égyptiennes décident de l'envoyer à Paris afin qu'elle y soit traitée et étudiée.

Ramsès II doit être transporté par avion, avec tous les honneurs dus à son rang, aussi lui délivre-t-on un passeport à son nom mentionnant la profession de « roi décédé ». À son arrivée, le 26 septembre 1976, escorté par la Garde républicaine, le convoi rejoint le Musée de l'Homme, après un détour par la place de la Concorde pour saluer l'obélisque de Louxor, sur lequel sont gravés des épisodes de son glorieux règne[1]. En l'honneur du pharaon, une exposition est organisée au Grand Palais par l'égyptologue Christiane Desroches-Noblecourt. Plus de 360 000 visiteurs s'y bousculent pour admirer la momie, ainsi qu'un ensemble d'antiquités inédites, comme la clepsydre de Karnak.

Durant huit mois, une centaine de scientifiques examineront la momie pour diagnostiquer les causes de sa dégradation. On découvrira accessoirement que le pharaon souffrait d'artériosclérose, d'arthrose et d'une maladie rhumatologique, la spondylarthrite ankylosante. Il serait peut-être mort d'une affection d'origine dentaire. Restauré, Ramsès II reprendra le chemin de l'Égypte le 10 mai 1977.

---

1. Voir *Les Pourquoi de l'Histoire 2.*

INDEX

Abélard : 144
Achard, Charles-François : 141-142
Adélaïde de Savoie : 35
Adrien II : 27
Ageltrude de Bénévent : 28
Agnès de Méranie : 40
Agrippine l'Aînée : 23-24
Albéric de Pisançon : 37
Albert d'Autriche : 82
Albert Ier de Monaco : 196
Albert Ier roi des Belges : 199-201, 202-203
Aldrovandi, Ulisse : 178
Alexandrov, Alexandre : 207
François de Valois, duc d'Alençon : 74
Jean II d'Alençon : 53
Alençon, Charlotte de Wittelsbach, duchesse d' : 189-190
Alexandre de Bernay : 38
Alexandre le Grand : 22, 37-38
Alexandre Ier de Russie : 206
Alexandre Ier de Serbie : 218-219
Alexandre II : 207
Alexandre VI Borgia : 57
Allegri, Gregorio : 112-113
Alphonse XIII d'Espagne : 220
Alyatte II : 17-18
Amédée VII de Savoie : 54
Amédée VIII de Savoie : 54-55
Amelot, Charles : 102
Amelot, Michel-Jean : 102-103
Ampère, André-Marie : 96
Andress, Ursula : 230
Anne d'Autriche : 83, 87-88
Anne de Bretagne : 57, 61
Antipater de Sidon : 21
Aragon : 213
Archélaos Ier : 20
Arenberg, Pauline d' : 139
Arminius : 24
Arnoult, Charles-André-Rémy : 186
Arnulf de Carinthie : 28
Aryenis : 18
Astyage : 18
Auguste : 23, 93
Auguste II de Pologne : 110
Aymard de Poitiers : 50
Azaña, Manuel : 220

Balzac, Honoré de : 143, 145
Bardot, Brigitte : 230

Baron, Michel : 98
Barras, Paul : 122
Barrême, François : 95-96
Bartholdi, Auguste : 182
Bartholomé, Albert : 204
Barthou, Louis : 218-219
Basile II : 32-33
Bassompierre, François de : 81
Beatrice, princesse : 154
Beauchamp, comtesse de : 190
Beaufort, François de : 87
Becquerel, Henri : 96
Bejaratana, Kannabhorn : 177
Bel, Léon : 210-211
Bellanger, Marguerite : 163-164
Bellini, Vincenzo : 103
Belon, Pierre : 62
Bernardini, Micheline : 230
Berryman, Clifford K. : 198
Berthe de Hollande : 34
Berthier, Louis-Alexandre : 133
Bismarck, Otto von : 172
Bizet, Georges : 155
Blaine, James : 181
Boileau, Nicolas : 38
Boleyn, Anne : 75
Bolivar, Simon : 149
Bonaparte, Napoléon : voir Napoléon Ier
Bonaparte, Jérôme : 133
Bonaparte, Louis-Napoléon : 173-175
Booth, Edwin : 165-166
Booth, John Wilkes : 165-166
Borromée, Charles : 72
Boulanger, Georges : 204
Bourbon, Antoine de : 69-70
Bourgeois, Léon : 103
Bourvil : 228
Bovy, Berthe : 214
Brandebourg, Jean Sigismond de : 82
Breton, André : 213
Briand, Aristide : 196
Brongniart, Alexandre-Théodore : 144
Brummell, George : 86
Brusch, Emil : 232
Burney, Charles : 113

Cabral, Pedro Alvares : 129
Caligula : 23-24
Calixte II : 34
Camus, Marcel : 228
Caracalla : 69
Carnot, Sadi : 195
Carroll, Lewis : 161-162
Cartier, Jacques : 77
Castiglione, Virginia de : 163
Catherine de Bourbon : 69
Catherine de Médicis : 70
Cavour, Camillo : 157
Chabannes, Jacques de : voir La Palice
Chalais, Henri de Talleyrand-Périgord, comte de : 83-84
Chaptal, Jean-Antoine : 142
Charlemagne : 28, 43
Charles Ier de Savoie : 82
Charles IV de Bourbon : 69
Charles Quint : 60, 61, 65, 85, 94
Charles VI : 49-51
Charles VII : 52
Charles VIII : 56-57, 59, 63
Charles IX : 70, 73
Charles X : 109, 146, 147
Charles XII de Suède : 109
Chateaubriand, François-René de : 77
Chefdeville : 114
Chersiphron : 22
Chevasson, Louis : 213
Chevreuse, Marie de Rohan-Montbazon, duchesse de : 84

Chilpéric II : 79
Christophe Colomb : 65, 91
Clarence, George Plantagenêt, duc de : 176
Clarétie, Jules : 214
Claretie, Léo : 156
Claude de France : 61-62
Claude : 24
Clemenceau, Georges : 196
Clément VII : 71
Clément, Vital Rodier dit Frère : 61
Clément, Jacques : 69
Cléopâtre : 34
Cleveland, Grover : 180-181, 183
Clèves, Jean-Guillaume de : 82
Cobenzl, Johann Ludwig von : 135-136
Colbert, Jean-Baptiste : 95
Colmar, Thomas de : 90
Colonna, Prospero : 60
Comitopouloi : 32
Condé, Henri II de Bourbon, prince de : 81-82, 84
Condé, Louis Ier de Bourbon, prince de : 70
Condé, Louis II de Bourbon, dit Grand : 143
Constance Chlore : 26
Conti, Louise-Marguerite de Laorraine, princesse de : 84
Cook, James : 114-115
Crésus : 17, 22
Crivelli, Lucrezia : voir Ferronnière, La Belle
Cromwell, Oliver : 27
Cyaxare : 17-18

Daladier, Édouard : 221
Danican Philidor, François-André : 136
D'Anthès, Georges-Charles : 147-148
Danton, Georges Jacques : 121
Dare, Virginia : 76
Daudet, Alphonse : 186
De Gaulle, Yvonne : 229
Defoe, Daniel : 99-100
Delessert, Benjamin : 142
Delubac, Jacqueline : 208
Derjavine, Gavrila : 206
Desaix, Louis-Charles-Antoine : 126
Desroches-Noblecourt, Christiane : 232
D'Este, Béatrice : 66
D'Estouteville, Nicolas : 65
D'Estrées, François-Hannibal : 82
D'Estrées, Gabrielle : 81, 87
Dioclétien : 23, 25-26, 32
Dosne, Élise : 146
Dosne, Eurydice : 146
Dosne, Félicie : 146
Doumer, Paul : 195
Dracon : 16
Drake, Francis : 76
Dreyfus, Alfred : 196
Driant, Émile : 204
Drusilla : 24
Drusus, Nero Claudius : 23
Duchez, Odette : 227-228
Duchez, René : 227-228
Duguay-Trouin, René : 77
Duhamel de Monceau, Henri : 117
Dumas fils, Alexandre : 156
Dumas, Alexandre : 147
Dunand : 126
Dürer, Albrecht : 103

Edouard IV : 176
Eiffel, Gustave : 182
Élisabeth Ire : 75-76
Élisabeth II : 168
Elser, Georg : 222-224
Eltsine, Boris : 207

Engoran : 45-46
Érostrate : 22
Eschyle : 19-20
Escoffier, Auguste : 125
Étienne VI : 28-29
Eugénie de Montijo, impératrice : 155-156, 163-164, 173-175
Euripide : 20
Everest, George : 167-168

Fabius Cunctator : 19
Fabre d'Églantine, François : 121
Faure, Félix : 195-196
Ferdinand d'Orléans : 189
Ferron, Jean : 65
Ferronnière, La Belle : 65-66
Ferry, Jules : 171
Feuillet, Octave : 156
Foix, Françoise de : 65
Folsom, Frances : 180-181
Fontaines, Honorat de Bueil, baron de : 78
Ford, John T. : 166
Formose : 27-29
Fouquet, docteur : 232
Fouquet, Nicolas : 98
Franco, Francisco : 221
François Ier : 59-60, 61-62, 63, 65-66, 69, 73, 79, 104
François II : 70, 73
Franklin, Benjamin : 118, 136
Frédéric Ier Barberousse : 176
Frère Luc, Claude François dit : 102
Frère-Orban, Walthère : 202
Frotet de la Bardelière, Michel : 78

Gabriel Radomir : 33
Gaget, Émile : 182-183
Galère : 26
Gallimard, Gaston : 213
Garfield, James : 166
Gaston d'Orléans : 83-84, 88
Gaultier, Louis, dit abbé : 214-215
Geeraert, Henri : 203
Gemellus : 24
George III : 125
Germanicus : 23-24
Giafferi, Luiggi : 108
Glinka, Mikhail : 207
Goldschmidt, Clara : 212-213
Goncourt, Edmond : 64
Gontcharova, Ekaterina : 148
Gontcharova, Natalia : 148
Göring, Hermann : 223
Grant, James Augustus : 179
Gratin, Jean-Baptiste : 144
Grévy, Jules : 178-179
Grosjean, frères : 211
Guillaume d'Orange : 86
Guillaume Ier de Prusse : 171-172
Guillaume II : 205
Guise, Henri de Lorraine, duc de : 74
Guise, François de Lorraine, duc de : 70
Guitaut, François de Comminges, comte de : 88
Guiteau, Charles J. : 166
Guitry, Lucien : 208
Guitry, Sacha : 208-209
Guy de Dampierre : 45-46
Guy III de Spolète : 28
Guyon, Louis : 66

Habsbourg, Werner de : 123
Hakon IV : 31
Hannibal : 19
Hannibal, Abraham Petrovitch : 147
Harold II d'Angleterre : 39, 56
Harrison, Benjamin : 150, 181

Harrison, Henry : 149-150
Haussmann, Georges Eugène : 160
Hautefort, Marie de : 87
Heeckeren, Jacob van : 147
Heim, Jacques : 229-230
Héloïse : 144
Henri II : 62, 67-68, 73
Henri II de Bourbon : voir Condé
Henri II de Navarre : 69
Henri II du Saint-Empire : 123
Henri III : 69, 73-74, 75, 78
Henri IV : 39, 56, 69, 78, 79-80, 81-82, 87, 90, 171
Henri V de Luxembourg : 46
Henri V du Saint-Empire : 34
Henri VIII : 75
Héré, Emmanuel : 110
Hergé : 210
Hermann, Jean : 124
Hérodote : 18
Hiéron : 20
Hillary, Edmund : 168
Hitler, Adolf : 222-224, 225
Hofer, Andreas : 132
Houdon, Jean-Antoine : 215
Howard, Harriet : 163
Hugo, Victor : 38, 173, 183
Hugonin de Guisay : 49-50
Hugues Capet : 35
Hultz, Johannes : 123

Ingeburge : 39-40
Ingres, Jean-Auguste-Dominique : 66
Innocent III : 40
Isabeau de Bavière : 49
Isabelle d'Espagne : 82
Isabelle de Hainaut : 39

Jacob, Max : 213
Jacques Ier d'Angleterre : 76
Jacques II (Jacques VII) : 31
Jacques III : 31
Jean Chrysostome : 22
Jean de Goesnes : 46
Jean de Halloy : 45-46
Jean d'Enghien : 46
Jean II le Bon : 52
Jean III de Joigny : 50
Jean IV : 32
Jean VI de Portugal : 130
Jean VIII : 27-28
Jean XXI : 56
Jeanne d'Albret : 69-70
Jeanne d'Arc : 52-53
Jeanne de Boulogne : 49-50
Jefferson, Thomas : 75
Joseph II : 136
Joséphine de Beauharnais : 39, 132-134
Josserand, Louis : 128
Joukovski, Vassili : 206
Jules II : 71-72
Junot, Jean-Andoche : 130

Kellermann, François : 126
Kempelen, Wolfgang von : 135-136
Knut VI : 39
Kœnig, Marie-Pierre : 228

Laboulaye, Édouard de : 182
La Condamine, Charles-Marie de : 105
La Fayette, Louise de : 87
La Fontaine, Artus de : 73
La Fontaine, Jean de : 73, 144
La Fontaine, Pierre de : 73
Lambert de Spolète : 28
Lambert le Tort : 38
Lambton, William : 167
La Monnoye, Bernard de : 64
Lamourette, Adrien : 119-120

Langsdorf, Jesse : 86
Lannes, Jean : 132
La Palice, Jacques de : 63-64
Lautrec, Odet de Foix, vicomte de : 60
Lavoisier, Antoine : 118
Lavrov, Piotr : 207
Le Brun, Charles : 103
Le Caravage : 103
Le Dominiquin : 103
Lee, Robert : 165
Lénine, Vladimir Ilitch : 207
Lenoir, Alexandre : 144
Léopold Ier : 202
Léopold II : 202
Le Peletier des Forts, Michel-Robert : 105-106
Leszczynska, Marie : 109
Leszczynski, Stanislas : 109-110
Le Tintoret : 103
Liddell, Alice : 162
Liddell, Édith : 162
Liddell, Henry George : 162
Liddell, Lorina : 162
Liégeard, Stéphen : 185-186
Lincoln, Abraham : 165-166
Lincoln, Robert Todd : 165-166
Livie : 93
Lorraine, Roger de : 97
Louis d'Orléans : voir Louis XII
Louis Ier d'Orléans : 50
Louis Ier de Savoie : 55
Louis II de Bavière : 189
Louis III : 58
Louis VI le Gros : 34-35
Louis VII : 35-36
Louis VIII : 39
Louis XI : 56
Louis XII : 57, 59, 61, 63, 73
Louis XIII : 83-84, 85, 87-88
Louis XIV : 86, 87-88, 95, 97-98, 107, 143, 203
Louis XV : 80, 109-110
Louis XVI : 56, 109, 118, 120, 159
Louis XVIII : 109, 122, 144
Louis-Philippe : 127, 187, 189
Lovejoy, Asa : 68
Lucie de Syracuse : 32
Ludolf, Hiob : 179
Lully, Jean-Baptiste : 97-98
Lumière, frères : 190-191
Lvov, Alexeï : 206
Lysès, Charlotte : 208-209

MacDonald, George : 162
Mac Mahon, Patrice de : 158
Madison, James : 75
Maelzel, Johann : 136
Magellan, Fernand de : 76
Mahé de La Bourdonnais, Bertrand-François : 77
Malraux, André : 212-213
Marc Antoine : 23
Marc Aurèle : 23
Marconi, Lana : 208
Margraaf, Andreas : 141
Marguerite d'Angoulême : 69
Marguerite de Valois : 39, 81
Marie de Bourgogne : 54-55
Marie de Médicis : 79-80, 82, 87
Marie de Meulun : 64
Marie Ire d'Angleterre, Marie Tudor : 75-76
Marie-Amélie de Bourbon-Sicile : 187
Marie-Antoinette d'Autriche : 118
Marie-Louise d'Autriche : 138-139, 173
Marie-Thérèse d'Autriche : 113
Marin Ier : 278
Marion du Fresne, Marc-Joseph : 116
Martialis : 69
Maspero, Gaston : 231-232

Mauriac, François : 213
Maury, Jean-Sifrein, dit abbé : 119
Maximien Hercule : 25-26
Maximilien Ier : 61
Mazarin, Jules : 87, 94, 104
McIsaac, Alan : 68
McKinley, William : 197
Mecklembourg-Strelitz, Charlotte : 125
Mège-Mouriès, Hippolyte : 169-170
Melba, Nellie : 125
Ménélik II : 151, 179
Ménès : 34
Mercy-Argenteau, comtesse de : 163
Mérimée, Prosper : 155, 156
Métagénès : 22
Métru, Nicolas : 97
Metternich-Winneburg, prince de : 156
Michel VIII Paléologue : 32
Michel-Ange : 71-72
Michelin, André : 216-217
Michelin, Édouard : 216
Michtom, Morris : 198
Michtom, Rose : 198
Mignot, abbé : 215
Mikhalkov, Sergueï : 207
Millepieds, Benjamin : 114
Mirabeau : 119
Mitchell, Silas : 136
Mitouart : 215
Mola, Emilio : 220-221
Molière : 98, 144
Molotov, Viatcheslav : 225-226
Monet, Pierre-François : 124
Monroe, James : 151-152
Montmorency, Charlotte de : 81-82
Montmorency, François de : 83
Montmorency, Henri de : 81
Montpensier, duchesse de (Grande Mademoiselle) : 83, 97-98
Morrison, Jim : 143
Morton, William : 154
Moulin, Jean : 212
Mourguet, Laurent : 127-128
Mozart, Wolfgang Amadeus : 112-113
Musset, Alfred de : 143

Nabopolassar : 17
Nabuchodonosor : 17-18
Napoléon Ier : 39, 125-126, 130, 132-134, 135-136, 138-139, 141-142, 173
Napoléon II : 173
Napoléon III : 155-156, 157, 160, 163-164, 169-170, 172, 173-174, 215
Nemours, Gaston de Foix, duc de : 63
Nérac, Fleurette de : 81
Néron : 22, 23, 104
Neuhoff, Theodore von (Théodore Ier) : 107-108
Newport, Christopher : 76
Nicéphore Botaniatès : 33
Nicéphore Grégoras : 18
Nicéphore Xiphias : 33
Nicholson, James : 168
Nicolas Ier : 147, 206

Ogier de Nantouillet : 50
Ognon, baron d' : voir La Fontaine, Artus de
Ornano, Jean-Baptiste d' : 83
Oustalet, Émile : 179

Palatine, Élisabeth-Charlotte de Bavière, princesse : 107
Paré, Ambroise : 70
Parmentier, Antoine : 117-118
Pascal, Blaise : 68, 89-90, 96
Pascal, Étienne : 89

Pasquier, Étienne-Denis : 139
Pasteur, Louis : 96
Pastoureau, Michel : 35-36
Paul Alexdandrovitch de Russie : 136
Paul III : 72
Paul IV : 72
Paulmier, Madeleine : 109-111
Pavelic, Ante : 219
Pelletier, François : 135
Père La Chaise, François d'Aix de La Chaise dit : 143
Père Thomas, Lambert Grégoire Ladré dit : 128
Perkin, William Henry : 158
Perronet, Jean-Rodolphe : 80
Perrotin de Barmond, marquise : 110
Petita, Marius : 114
Pettygrove, Francis W. : 68
Philippe Auguste : 39-40, 41-42
Philippe de France : 35
Philippe de Mantes : 34
Philippe Ier : 34
Philippe II d'Espagne : 75, 82
Philippe II de Bourgogne : 54
Philippe III d'Espagne : 87
Philippe III le Hardi : 46
Philippe VI : 57
Piaf, Édith : 143
Picot de la Gicquelais : 78
Pie IV : 72
Pie IX : 173
Pierre Ier du Brésil : 131
Pierre le Grand : 147-148
Piles, Roger de : 102-103
Pison : 24
Pisseleu, Anne de : 65
Pivot, Bernard : 155, 156
Poe, Edgar Allan : 51, 136
Poincaré, Raymond : 200
Pompidou, Georges : 195
Pontelli, Baccio : 71
Possoz, Jean-Frédéric : 160
Pouchkine, Alexandre : 147-148
Poussin, Nicolas : 103
Poutine, Vladimir : 207
Prévost, Antoine-François dit abbé : 19
Printemps, Yvonne : 208
Proust, Marcel : 111

Quéruel, Jean-Baptiste : 142
Quinault, Philippe : 98
Quinte-Curce : 38

Rabier, Benjamin : 210-211
Raffarin, Jean-Pierre : 64
Raleigh, Walter : 76
Rama Ier : 176
Rama IV : 177
Rama V : 177
Ramsès II : 231-232
Raphaël : 103
Rapp, Jean : 133
Ravaillac, François : 56
Raynal, Sylvain : 205
Réard, Louis : 229-230
Rembrandt : 103
Rémy, Gilbert Renault dit colonel : 227-228
Renard, Joseph : 158
René Ier d'Anjou : 31
Richard, Marthe : 43
Richelieu : 83, 84, 85, 87, 88
Rigaud de Corbion : 45
Robertson, Morgan : 192-194
Robespierre, Maximilien de : 122
Rodolphe II : 82
Rogers, Woodes : 100
Rohan-Chabot, chevalier de : 105
Rohan-Gié, Claude de : 65
Roosevelt, Franklin : 197
Roosevelt, Theodore : 197-198

Rossini : 125
Rubens, Pierre Paul : 102-103, 202

Saint Louis : 42, 43-44, 69, 83
Salzbourg, prince-archevêque de : 113
Samuel Ier : 32-33
Sandwich, John Montagu dit lord : 115
Sanjurjo, José : 221
Saovabha Phongsri : 177
Savang Vadhana : 177
Schill, Ferdinand von : 132
Schnedderer, Bauleiter : 228
Schwarzenberg, prince de : 138
Séguier, Pierre, chancelier : 89
Selkirk, Alexandre : 99-101
Séréville, Geneviève de : 208
Serres, Olivier de : 141
Sforza, Maximilien : 60
Shakespeare, William : 165
Shaw, Miss : 173
Sigismond de Luxembourg : 55
Siméon Ier : 32
Simpson, James Young : 154
Sisowath : 196
Sissi, Élisabeth d'Autriche dite : 189
Sixte IV : 71
Smith, Maria Ann : 61
Snow, John : 154
Soliman le Magnifique : 62
Solon : 16, 43
Sophocle : 20
Sotelo, José Calvo : 220
Staline, Joseph : 207, 225-226
Staps, Friedrich : 133
Stauffenberg, Claus von : 222
Stead, William Thomas : 193
Steele, Richard : 100
Steiff, Margarete : 198
Steinheil, Adolphe : 195
Steinheil, Marguerite : 195-196
Strohrer, Nicolas : 109
Suffolk, duc de : 53
Suger, abbé : 79
Sully, duc de : 80
Sultzer, Jean-Michel : 124
Sunandha Kumariratana : 176-177
Surcouf, Robert : 77

Talbot, John : 53
Talleyrand : 145
Tasman, Abel : 114
Taylor, Tom : 165
Tchernozemski, Vlado : 219
Tellez, Balthazar : 179
Tenniel, John : 162
Tenzing Norgay : 168
Téterel, Antoine : 124
Thalès : 18
Théodose Ier : 22
Thévenot, Jean de : 179
Thiers, Adolphe : 145-146, 159, 172
Thusnelda : 24
Tibère : 24
Titien : 103
Tournier, Michel : 99
Trudaine, Daniel-Charles : 80
Tulard, Jean : 134
Turenne : 143
Tyler, John : 150

Urbain VIII : 112

Valdemar Ier : 39
Van Buren, Martin : 150
Vendôme, Alexandre de : 84
Vendôme, César de : 84
Vercasson : 211
Verguin, François-Emmanuel : 158
Verne, Jules : 99

Verrazzano, Giovanni da : 115-116
Victoria d'Angleterre : 153-154, 173-175
Villette, Charles, marquis de : 214-215
Vinci, Léonard de : 66, 103
Voltaire : 70, 104-106, 214-215
Volterra, Daniele Ricciarelli, dit da : 71-72
Von Ribbentrop, Joachim : 225

Washington, George : 75
Watson, Richard : 166
Waugh, Andrew : 168
Wells, Horace : 153-154
Wilde, Oscar : 143
Wittelsbach, Charlotte de : voir Alençon, duchesse

Yvain de Foix : 50

Zola, Émile : 163

DATES À RETENIR

– 621 : La sévérité des lois publiées par Dracon donne naissance à l'adjectif « draconien ».

– 585 (28 mai) : La bataille d'Halys est stoppée par une éclipse solaire.

– 456 : Eschyle meurt frappé à la tête par une carapace de tortue lâchée par un rapace.

– 356 (21 juillet) : Le temple d'Artémis à Éphèse est incendié par un inconnu dans le but de laisser son nom à la postérité.

37 : Caligula arrive au pouvoir en conservant son surnom d'enfance, sobriquet signifiant « petite sandale ».

293 : La division du pouvoir entre les empereurs Dioclétien, Maximien, Galère et Constance Chlore donne naissance au vouvoiement.

897 : Un an après sa mort, le cadavre du pape Formose est exhumé pour être jugé.

1010 : L'assaut du château de Stains par les Vikings échoue à cause de chardons, leurs cris de douleur alertant les Écossais. Le chardon deviendra plus tard l'emblème de l'Écosse.

1014 (29 juillet) : L'empereur Basile II venge la mort d'un général en crevant les yeux de tous les soldats de l'armée bulgare.

1131 (13 octobre) : Le fils du roi Louis VI le Gros meurt en chutant de son cheval apeuré par un cochon.

1180 : Le *Roman d'Alexandre*, composé en vers de 12 pieds par Alexandre de Bernay, cède son nom aux alexandrins.

1193 (14 août) : Ingeburge épouse le roi de France Philippe Auguste avant de se faire répudier le lendemain.

1245 : L'ordonnance de Philippe Auguste imposant quarante jours de négociation aux seigneurs pour régler leurs différends est renouvelée par Saint Louis. Elle donnera naissance à la « mise en quarantaine ».

1256 : Saint Louis crée les « bordels » pour mettre les prostituées hors de Paris.

1275 : Le vol d'une vache déclenche une guerre qui aurait fait 15 000 victimes !

1348 : Le convoi des victimes de la peste par les coches d'eau de Corbeil donne naissance au mot « corbillard ».

1393 (28 janvier) : Une jeune duchesse de 14 ans étouffe les flammes dévorant le déguisement de Charles VI.

1429 : La victoire de la France sur l'Angleterre à la bataille de Patay est à l'origine de l'expression « mettre la pâtée ».

1434 : Les festins du prieuré de Ripaille donnent naissance à l'expression « faire ripaille ».

1498 (7 avril) : Le roi Charles VIII meurt après avoir heurté avec sa tête le linteau d'une porte.

1522 (27 avril) : L'assaut manqué de la forteresse italienne de La Bicocca donne naissance au mot « bicoque ».

1546 : Une nouvelle variété de prunes est baptisée « reine-claude » en hommage à la mère du roi Henri II, très appréciée de ses sujets et décédée en 1524 après sept grossesses successives.

1525 (24 février) : Une orthographe erronée de l'épitaphe du défunt chef des armées françaises, La Palice, donne naissance aux « lapalissades ».

1538 : François Ier tombe sous le charme de celle que l'on surnommera « La Belle Ferronnière » et contracte la syphilis, transmise volontairement à sa maîtresse par le mari jaloux.

1548 : L'apparition du portrait d'Henri II sur l'envers des pièces de monnaie donne naissance à l'expression « pile ou face ».

1562 (16 octobre) : Le père du futur Henri IV est atteint par une flèche alors qu'il urine contre les remparts de Rouen assiégée.

1483 : La chapelle Sixtine est inaugurée avant d'être repeinte par Daniele da Volterra, surnommé le « faiseur de culottes » pour avoir recouvert d'un voile les parties génitales dénudées de la fresque.

1576 (décembre) : Le zèle du baron d'Ognon, maître de cérémonie des états généraux convoqués par Henri III, donne naissance à l'expression « rang d'oignons ».

1584 (5 juillet) : L'explorateur Walter Raleigh fonde le premier établissement anglais du Nouveau Monde qu'il baptise Virginia en l'honneur de la reine Élisabeth.

1590 (11 mars) : Face à l'avancée du nouveau roi Henri IV, des Malouins prennent d'assaut Saint-Malo et la proclament République indépendante. La ville rentrera dans le giron français en 1594.

1606 (9 juin) : Henri IV et Marie de Médicis manquent de se noyer en traversant la Seine avant que le roi n'ordonne la construction du pont de Neuilly.

1609 (novembre) : Henri IV, refusant d'être séparé de sa maîtresse Charlotte de Montmorency, manque d'entrer en guerre contre les Pays-Bas espagnols pour la récupérer.

1626 (26 août) : En échange de sa grâce, un condamné à mort procède à l'exécution du comte de Chalais, coupable de conjuration contre Richelieu.

1635 : Des cavaliers croates invités par Louis XIII à la cour y popularisent le port de la cravate.

1638 (10 février) : Louis XIII fait du 15 août un jour férié en hommage aux prières exaucées par la Vierge Marie de lui donner un garçon, le futur Louis XIV.

1645 : Blaise Pascal invente la première calculatrice, baptisée « machine arithmétique ».

1648 (23 mars) : La convention de Concordia fixe le partage de l'île de Saint-Martin entre les Français et les Hollandais au terme d'une course à pied.

1660 (12 novembre) : La convention de Llivia fait de cette ville des Pyrénées une enclave espagnole en France.

1669 : Barrême élabore une table de conversion révolutionnaire à laquelle il cèdera son nom.

1687 (22 mars) : Lully meurt d'une gangrène contractée après s'être blessé le pied de colère avec son bâton de direction des musiciens lors d'une représentation célébrant la guérison de Louis XIV.

1704 (octobre) : Le marin écossais Alexandre Selkirk est abandonné sur une île du Pacifique pour un isolement de cinq ans qui inspirera l'histoire de Robinson Crusoé.

1708 : Roger de Piles fonde la notation sur vingt, d'abord appliquée à la peinture.

1729 : Voltaire fait fortune en achetant tous les billets des loteries nationales.

1736 (15 avril) : Un aventurier allemand est couronné « Théodore Ier, roi des Corses ».

1755 : Une servante ayant improvisé selon la recette de sa grand-mère un dessert pour le duc de Lorraine, celui-ci baptise la gourmandise du prénom de celle-là : « Madeleine ».

1770 (avril) : Mozart, alors âgé de 14 ans, parvient à mémoriser le *Miserere* d'Allegri, chant dont la partition était gardée secrète. Il est aussitôt accusé de vol.

1779 : L'explorateur James Cook est dévoré par les cannibales des îles Sandwich.

1786 (24 août) : Louis XIV accroche à sa boutonnière une fleur de pomme de terre offerte par Louis Parmentier, assurant la popularité du tubercule originaire de la cordillère des Andes.

1792 (7 juillet) : Les députés de l'Assemblée s'embrassent pour manifester leur unité en temps de guerre.

1794 (6 janvier) : Marseille est rebaptisée « Ville-Sans-Nom » par les révolutionnaires pour s'être soulevée contre la Convention.

1794 : Un immense bonnet phrygien est hissé au sommet de la cathédrale de Strasbourg afin de préserver sa flèche de la destruction des révolutionnaires.

1800 (14 juin) : Le plat improvisé par un cuisinier de Bonaparte après une bataille se voit attribuer le nom de cette dernière : le bœuf « Marengo ».

1808 : Laurent Mourguet crée à Lyon le personnage populaire de Guignol.

1808 (8 mars) : La royauté portugaise fuit au Brésil et proclame Rio capitale du Portugal.

1809 (12 octobre) : Bonaparte échappe à un attentat lors d'une parade militaire au palais de Schönbrunn. Ce acte manqué le convainc de divorcer de Joséphine pour se remarier afin d'obtenir un héritier.

1809 : Bonaparte se mesure à un automate factice lors d'une partie d'échecs.

1810 (1er juillet) : L'inefficacité du service d'ordre lors d'un incendie au cours d'un bal donné à l'ambassade d'Autriche suggère à Bonaparte de créer le corps des Sapeurs-Pompiers de Paris.

1812 (2 janvier) : Bonaparte déclenche l'investissement dans la production du sucre de betterave.

1817 : Une campagne publicitaire est lancée avec le transfert des dépouilles de Molière, La Fontaine, Héloïse et Abélard afin de populariser le cimetière délaissé du Père-Lachaise.

1833 (6 novembre) : Adolphe Thiers épouse la fille de sa maîtresse, Élise Dosne.

1837 (27 janvier) : Charles d'Anthès tue Pouchkine lors d'un duel au pistolet. Soutien indéfectible de Louis-Napoléon Bonaparte, il sera promu en 1868 au rang de commandeur de la Légion d'honneur.

1841 (4 mars) : Henry Harrison prête le plus long serment de l'histoire des États-Unis en en devenant le 9e président, et meurt d'un simple rhume un mois plus tard.

1847 : Le Liberia devient le premier pays africain reconnu par les puissances occidentales. Sa capitale est baptisée Monrovia en souvenir du président américain James Monroe.

1853 : La reine Victoria popularise l'anesthésie en ayant recours au chloroforme pour son huitième accouchement.

1857 : Mérimée rédige l'une des dictées les plus difficiles jamais écrites pour la cour de Napoléon III.

1859 (4 juin) : La victoire française à Magenta, à l'ouest de Milan, cédera son nom à l'une des trois couleurs primaires.

1859 (16 juin) : L'extension des limites de Paris permet à l'ancien 13e arrondissement de devenir l'actuel 16e, sous la pression de ses habitants qui refusaient de se voir attribuer ce numéro.

1862 (4 juillet) : Lewis Carroll invente l'histoire d'*Alice au pays des merveilles* lors d'une promenade en barque.

1863 (juin) : Napoléon III fait la rencontre de sa future maîtresse, l'actrice Julie Leboeuf.

1864 : Le fils du président Lincoln est sauvé par le frère du futur assassin de son père.

1865 : La Royal Geographical Society officialise le nom du « toit du monde » en hommage à l'un des pionniers géographes : (George) Everest.

1869 (15 juillet) : La margarine, qui doit sa création à Napoléon III, voit son brevet déposé.

1870 (19 juillet) : La France du Second Empire déclare la guerre au roi de Prusse, Guillaume Ier : « Mort aux vaches ! »

1879 (1er juin) : Le fils de Napoléon III meurt au combat face aux Zoulous d'Afrique du Sud.

1880 (31 mai) : La reine de Siam Sunandha se noie avec sa fille sous le regard de leurs serviteurs auxquels il est interdit de la toucher sous peine de mort.

1882 : Le roi du Shewa, Ménélik II, offre au président français un zèbre dont l'espèce portera le nom : « Grévy ».

1884 : Ancien bourreau, Grover Cleveland est investi candidat à l'élection présidentielle par son parti.

1886 (28 octobre) : La statue de la Liberté construite par Émile Gaget est inaugurée à New York par le président Cleveland.

1887 : Le poète bourguignon Stéphen Liégeard publie *La Côte d'Azur*, ouvrage qui connaît un grand succès et popularise l'expression pour désigner le littoral méditerranéen du sud de la France.

1891 (14 mars) : Imposée par les compagnies de chemins de fer, l'heure de Paris est instaurée en France sur tout le territoire et, surtout, dans toutes les gares.

1897 (4 mai) : La duchesse d'Alençon, sœur de Sissi, meurt dans l'incendie provoqué par un cinématographe défectueux au Bazar de la Charité.

1898 : Morgan Robertson publie son roman *Futilité* dans lequel il imagine un naufrage qui ressemble étrangement à celui du *Titanic*.

1899 (16 février) : Le président Félix Faure meurt dans les bras de sa maîtresse. Marguerite Steinheil sera dès lors surnommée « la pompe funèbre ».

1902 (16 novembre) : La publication d'une caricature du président Theodore Roosevelt en ourson noir inspirera la création d'une peluche surnommée « Teddy » Bear.

1914 (13 octobre) : Deux navires transportant les dirigeants de la Belgique accostent au Havre. Ceux-ci s'installent à Sainte-Adresse où ils proclament le gouvernement en exil.

1914 (29 octobre) : L'éclusier belge Henri Geeraert ouvre les vannes du barrage de Noordvaart et crée un étang forçant les troupes allemandes à la retraite.

1916 (4 juin) : Le dernier pigeon de l'armée française, « Vaillant », quitte le champ de bataille de Verdun pour porter un message décisif au reste de l'armée.

1917 : *La Marseillaise* remplace l'*Hymne des tsars* comme hymne national russe. Elle sera abandonnée à l'issue de la révolution d'Octobre au profit de *L'Internationale*.

1918 (29 mars) : Sacha Guitry apprend l'infidélité de son épouse lorsqu'un obus dévaste l'église Saint-Gervais dans laquelle elle prétendait être.

1921 : Léon Bel crée la marque et l'image de *La Vache qui rit*.

1923 (23 décembre) : André Malraux est dénoncé pour vol d'œuvres d'art khmères après avoir découpé et emporté des bas-reliefs d'un temple d'Angkor.

1924 : Le cerveau de Voltaire est échangé par son propriétaire contre deux fauteuils d'orchestre auprès de la Comédie-Française.

1931 : Le guide Michelin crée le classement étoilé des restaurants.

1934 (9 octobre) : Le ministre des Affaires étrangères français Louis Barthou est abattu avec le roi yougoslave Alexandre Ier lors d'un attentat.

1936 (16 février) : Les premières élections républicaines espagnoles voient les socialistes rassemblés en un Front populaire l'emporter.

1939 (8 novembre) : Hitler échappe à un attentat grâce à un départ précipité par de mauvaises conditions météorologiques.

1939 (30 novembre) : Lors de l'invasion de la Finlande par l'Armée rouge, les projectiles de ces derniers sont ironiquement baptisés « cocktails Molotov », du nom du ministre des Affaires étrangères qui avait assuré que l'URSS leur envoyait des vivres.

1942 (6 mai) : Un peintre en bâtiment hostile au régime nazi, René Duchez, dérobe un plan des positions allemandes afin de permettre le débarquement.

1946 (5 juillet) : Le bikini de Louis Réard est présenté pour la première fois à la piscine Molitor de Paris.

1976 (26 septembre) : La dépouille de Ramsès II est déplacée à Paris pour une exposition au Grand Palais. Afin de permettre ce voyage en avion, la momie se voit attribuer un passeport avec comme profession « roi décédé ».

Remerciements à Lise Boëll, mon éditrice, et ses fidèles collaborateurs,
Julien Colliat, Olivier Lebleu, Damien Bergeret, Emmanuel Clerc,
Cécile Meissonnier et Thibault Desmoulins.

DU MÊME AUTEUR

CHEZ ALBIN MICHEL

SECRETS D'HISTOIRE ILLUSTRÉ,
novembre 2016

LE VILLAGE PRÉFÉRÉ DES FRANÇAIS,
octobre 2015

SECRETS D'HISTOIRE 1, 2, 3, 4, 5 ET 6,
octobre 2010 à 2015

LES POURQUOI DE L'HISTOIRE 1 ET 2,
juin 2014 et 2015

CHÂTEAUX ROYAUX DE FRANCE,
novembre 2013

LE DESTIN D'UNE REINE,
avril 2012

UNE VIE DE CHIEN,
octobre 2009

GRACE KELLY,
septembre 2007

MON ROYAUME À MOI,
mars 2000

Composition Nord Compo
Impression CPI Bussière en mai 2016
Éditions Albin Michel
22, rue Huyghens, 75014 Paris
www.albin-michel.fr
ISBN : 978-2-226-32494-8
N° d'édition : 22215/01 – N° d'impression : 2021559
Dépôt légal : juin 2016
Imprimé en France